譲れぬ激闘

10分で読める
オリンピック・
パラリンピック物語

大野益弘
［編著］

あかね書房

CONTENTS

第1章

公式戦119連勝の「最強女王」が流した涙

レスリング

吉田沙保里

２００４年アテネ大会　レスリング女子　５５キロ級／金
２００８年北京大会　レスリング女子　５５キロ級／金
２０１２年ロンドン大会　レスリング女子　５５キロ級／金
２０１６年リオデジャネイロ大会　レスリング女子　５３キロ級／銀

日本でもっとも有名な女性トップアスリートの1人、吉田沙保里《よしださおり》。

女子レスリングで世界大会（オリンピック＋世界選手権）16連覇《れんぱ》。

個人戦では２０６連勝を記録。

まさに「最強女王」だ。

必殺技の高速タックルで対戦相手を圧倒《あっとう》する一方、マットをおりれば話し上手な明るいキャラクターで大人気だ。

勝ったときには全身で喜びを表現し、負けたときにはくやしい気持ちをかくすことなく思いきり泣く、自然体の吉田《よしだ》。

勝って当たり前と言われつづけてオリンピック３連覇《れんぱ》をはたし、４連覇《れんぱ》にいどんだリオデジャネイロ大会。

まさかの敗北に涙《なみだ》する吉田《よしだ》の姿に、日本じゅうが心を痛めた。

3歳《さい》の風景

吉田沙保里《よしださおり》がレスリングをはじめたのは、３歳《さい》のときだ。

吉田沙保里

レスリングの元全日本王者だった父・栄勝。

彼《かれ》が三重県の自宅を改築してつくったレスリング道場で、２人の兄とともに指導をうけていた。

父は娘《むすめ》に、相手の片足や両足をすばやくとらえて体をたおすタックルを徹底《てってい》的にたたきこんだ。

すばやい動きで相手の足もとに入りこむ、攻撃《こうげき》的なレスリングだ。

「タックルを制する者は世界を制す」

そう話す父の指導はきびしい。

遊びたいのに、毎日が練習。

もうやめたいと思うこともあったが、母がやさしくはげましてくれた。

田村亮子《たむらりょうこ》へのあこがれ

やがて、きびしいトレーニングで身につけたタックルは吉田《よしだ》の得意技となり、その高い技術は他の選手を圧倒《あっとう》した。

運動神経ばつぐんの吉田《よしだ》は、小さいころは男の子にも引けを取らなかった。

中学2年のとき、1996年アトランタ大会の女子柔道《じゅうどう》をテレビで見ていた吉田《よしだ》は、小さな体で相手を投げ飛ばす田村亮子《たむらりょうこ》（現在の谷亮子《たにりょうこ》）選手の姿に、

「かっこいい！」

とあこがれた。

それからの練習は、もう父にやらされているとは思わなくなった。

女子レスリングの名門

16歳《さい》のときには全日本女子選手権51キロ級で準優勝をはたす。

高校を卒業すると、世界での活躍《かつやく》をめざして女子レスリングの名門・中京女子大学（現在の至学館《しがくかん》大学）へ進んだ。

このレスリング部で出会ったのが、オリンピック出場経験のある栄和人《さかえかずひと》監督《かんとく》だ。

父のきびしい指導とは異なる、きめこまかい指導のもとでさらに技術をみがき、本格的な練習を積んだ。

第１章　公式戦１１９連勝の「最強女王」が流した涙

吉田沙保里

レスリングは「日本のお家芸」ともよばれた競技で、日本の男子選手はオリンピックで数おおくのメダルをかくとくしていた。

２００４年アテネ大会から女子レスリングが正式種目に採用されることが決まった。

吉田《よしだ》の目標も「アテネでの金メダル」に定まった。

２００２年、２００３年の世界選手権を制した吉田《よしだ》。

アテネ大会の代表選考試合となった２００４年の全日本選手権とジャパンクイーンズカップで、２歳《さい》年上の最大のライバル・山本聖子《やまもとせいこ》との対決にのぞんだ。

当時、山本《やまもと》は世界王者。

これまでなかなか勝てなかった相手だ。

「世界で優勝するより難しい」といわれたほどの接戦の末、なんとか連勝した吉田《よしだ》は、女子レスリング55キロ級代表選手の座をつかんだ。

はじめてのオリンピックに出場した吉田《よしだ》を勇気づけたのは、あこがれの谷亮子《たにりょうこ》選手だった。

選手村の谷《たに》の部屋をおとずれて、柔道《じゅうどう》女子48キロ級でかくとくしたばかりの金メダルを見せてもらったことで、パワーをもらえた気がした。

レスリングの試合は、決めた技によってポイントが入り、終了《しゅうりょう》時間までにポイントをおおくとったほうが勝ちとなる。

相手をたおして両肩《かた》を1秒以上マットにつければ、終了《しゅうりょう》時間前でもフォール勝ちが決まる。

いざ試合がはじまると、まったく動きの読めない吉田《よしだ》の高速タックルを防げる相手はおらず、決勝ではカナダのトーニャ・バービークに1ポイントもとらせずに圧勝し、金メダルをかくとくした。

試合が終わると、日の丸を広げた栄コーチを肩車《かたぐるま》して場内を一周。マットのまん中でバック宙を決めて、喜びを爆発《ばくはつ》させた。

アテネ大会の女子レスリングで、日本は4階級すべてでメダルをかくとくし、日本の女子選手の強さを世界に知らしめた。

強いスポーツは注目され、人気がでるもの。今までマイナーなスポーツだった女子レスリングは日本でも注目を集めるようになり、レスリングの主役は男子から女子へと移った。

なかでも吉田《よしだ》の強さは際だっており、明るいキャラクターともあいまって、あっという間に人気者になっていった。

吉田《よしだ》を変えた敗北

吉田《よしだ》は、２００１年の全日本女子選手権56キロ級準決勝で山本聖子《やまもとせいこ》に負けて以来、出場したすべての公式戦で勝ちつづけ、１１９連勝を記録していた。

北京大会を夏にひかえた２００８年１月。

中国で開催《かいさい》された女子ワールドカップ団体戦に、「最強女王」としてのぞんだ。

だれもが吉田《よしだ》の勝利を疑わなかった。

だがまったく無名だったアメリカのマルシー・バンデュセンに０－２で敗れ、連勝記録が止まった。

吉田《よしだ》の得意技のタックルに対抗《たいこう》すべく、相手は研究を重ね、「タックル返し」でポイントをとったのだ。

吉田《よしだ》は、体を低くすることなく、まっすぐ向かってくる。

いつタックルが来るのか読めない。

ばつぐんのタイミングやスピードでしかけてくる吉田《よしだ》のタックルそのものは、速すぎてよけられない。

そのタックルを、しがみついてひっくり返す「タックル返し」しか、勝つ方法がない。

バンデュセンは、この返し技だけを何千回も練習したという。

あの、吉田沙保里《よしださおり》が、まさかの敗北。

負けたことが、スポーツ紙の一面をかざるほどの大ニュースとなった。

バンデュセンは、以前、圧勝した相手だったので、気のゆるみがあったのかもしれない。

これは国際大会での初黒星でもあり、外国人選手に負けたこともはじめてだ。

負けることのつらさなど、すっかり忘れていた。

寝《ね》るときも、目を閉じると、試合でタックルを返されたシーンが頭の中によみがえる。

大きなショックをうけ、実家に帰ってきた吉田《よしだ》を、家族をはじめおおくのひとびとがはげました。

「１１９連勝しているっていうことは、あなたに負けた１１９人が涙《なみだ》を流している。

あなたは、ただ1回負けただけ」

敗北をひきずる吉田《よしだ》の心に、母の言葉がひびいた。

このくやしさをわすれないようにと、負けたときの記事がのっている新聞を、部屋の壁《かべ》にはった。

そして基本から練習をやり直し、タックルも見直した。

もともと肩《かた》のゆれやひざの動きが少なく、小さいモーションからいきなりくりだす高速タックルが武器だったが、タックル返しに負けないタックルを練習したのだ。

相手を持ちあげるタックルや、相手にかぶさるタックルなど、種類も増やした。

返されることをおそれず、積極的にタックルをくりだせるようになった。

金メダルへの闘志

もう、タックルを切り返される不安はない。

自信を取りもどし、完全に立ち直った吉田《よしだ》は、北京大会の55キロ級に出場。

決勝戦では、地元・中国の許莉《キョリ》を試合開始から終始圧倒《あっとう》する。

第２ピリオド、右足タックルからおさえこんでフォール。

オリンピック連覇《れんぱ》をなしとげた。

今度は栄監督《さかえかんとく》が、笑顔でガッツポーズをする吉田《よしだ》を肩車《かたぐるま》した。

そして表彰《ひょうしょう》式後のインタビューでは、

「４年後のロンドンも勝ちたい」

　と、オリンピック３連覇《れんぱ》を力強く宣言した。

その後も「58」まで連勝をつづけたが、２０１２年５月、東京でおこなわれた女子ワールドカップ団体戦決勝で、ロシアのワレリア・ジョロボワに１ー２の逆転負けをした。

　４年ぶりのこの敗北は、さすがに吉田《よしだ》を打ちのめした。

ロンドン大会まで、あと２か月しかない。

練習でも調子がでないままだった。

吉田《よしだ》が出場する55キロ級の試合の前日には、48キロ級で小原日登美《おばらひとみ》が金メダルにかがやき、63キロ級では伊調馨《いちょうかおり》がオリンピック３連覇《れんぱ》を達成していた。

ロンドンのメダルは４４０グラムもあり、大きくて重い。

２人に金メダルを見せてもらった吉田《よしだ》は、５歳《さい》のときに、はじめて出場した大会で負けたことを急に思い出した。

勝った男の子は、金メダルを胸にさげている。

「私も金メダルがほしい！」と泣きながらだだをこねると、

「金メダルは、たくさん練習して強くなって、勝った子しかもらえないんだよ。スーパーやコンビニには売ってないから、がんばりなさい」

そう父にはげまされて、真剣《しんけん》に練習するようになったのだ。

そのことを思いだすと、やっぱりこのロンドン大会での金メダルが絶対にほしいという闘志《とうし》がわいてきた。

父の死

2回戦から準決勝まで積極的な試合展開で勝ち進むと、決勝戦でカナダのトーニャ・バービークと対戦して2－0で勝利。

金メダルをかくとくし、みごとに3連覇《れんぱ》を達成した。

このロンドン大会の開会式で、吉田《よしだ》は日本選手団の旗手をつとめていた。

「旗手は金メダルをとれない」というジンクスがささやかれていた。

だが、それをみごとにくつがえしての優勝だったのだ。

「勝ったらお父さんを肩車《かたぐるま》するんだ」という約束どおり、感謝の気持ちをこめて、コーチである父・栄勝を肩《かた》にのせ、親子でガッツポーズを決めて喜んだ。

「私を強くしてくれたのは、２つの負けです。負けから学んで強くなりました。練習では絶対気づかないことを、試合は教えてくれるんです」

と、吉田《よしだ》はふり返る。

父も以前、こう語っていた。

「勝ちつづけると楽しいから、もっと練習するようになる。でも子どもたちには、『勝ってばかりだったら、本当に強い選手にはなれない』と教えている。負けるくやしさや、人の痛みをわかっていたほうが、もっと強くなれる」と。

この年、世界大会で史上最多の13大会連続優勝を達成し、「霊長類《れいちょうるい》最強の男」と称《しょう》されるロシアのアレクサンドル・カレリンの記録である12連覇《れんぱ》を超《こ》えた。

このころから吉田《よしだ》は、親しみと敬意をこめて、「霊長類《れいちょうるい》最強女子」とよばれるようになった。

２０１４年３月、悲しい知らせが届いた。

レスリングの指導者であり長年ささえてくれた父が、とつぜん亡くなったのだ。車を運転中にくも膜下《まくか》出血をおこしたものの、他の車の迷惑《めいわく》にならないように車を路肩《かた》によせて止め、そこで亡くなるという気づかいに、みな、涙《なみだ》した。深い悲しみのなか、吉田《よしだ》はオリンピック４連覇《れんぱ》をめざして、ひたすら練習に打ちこんだ。それが、尊敬する父との約束だったからだ。

そして、２０１５年12月の全日本選手権55キロ級で優勝し、リオ大会代表を決めた。これまで個人戦では15年間無敗、２０６連勝中の「絶対女王」は、金メダルの大本命として日本選手団の主将をつとめ、オリンピック前からテレビ番組やイベントへの出演にひっぱりだことなった。

取り返しのつかないこと

いよいよ４連覇《れんぱ》に王手がかかった、アメリカのヘレン・マルーリスとの決勝戦。マルーリスは、吉田《よしだ》の最大のライバル・山本聖子《やまもとせいこ》の、元教え子だった。吉田《よしだ》のアテネでの戦いを見て、「私が吉田沙保里《よしださおり》をたおす」と目標にしたという。

強い。

試合中に、相手選手のことを強いと思うことなど、吉田《よしだ》はあまり経験したことがない。

組んだときの圧力もすごい。

いつもの「最後は絶対に勝つんだ」という気持ちが弱まると、動きまで悪くなってしまった。

第１ピリオドで吉田《よしだ》が１ポイントを先取するも、第２ピリオドでは相手にバックをとられてリードを許す苦しい展開となり、４ポイントをうばわれて逆転された。

試合終了《しゅうりょう》のブザーが鳴る。

負けた。負けてしまった。

取り返しのつかないことをしてしまった……。

マットにしゃがみこんだままの姿勢で顔をふせ、肩《かた》をふるわせて泣きつづけた。

亡き父と約束した「オリンピック４連覇《れんぱ》」には、おしくも手が届かなかった。

「たくさんの方に応援《おうえん》していただいたのに、銀メダルに終わってしまって申し訳ないです」

「日本選手の主将として金メダルを取らないといけないところだったのに、ごめんなさい」

「日の丸の多さや、声援《せいえん》もすごく聞こえてきたんですけど、最後は自分の力を出しきれなくて申しわけないです」

試合後のインタビューでは、声をつまらせ、涙《なみだ》を流しながら、カメラに向かってあやまりつづける。

ここまで連れてきてくれて、ありがとう

勝って当たり前という、日本じゅうの大きすぎる期待は、想像以上のプレッシャーになっていた。

実際に吉田《よしだ》は、プレッシャーのかかる大きな試合を前にすると40度近く発熱することが何度もあり、繊細《せんさい》な一面を持ちあわせていた。

インタビュアーは、

「日本じゅうが拍手《はくしゅ》を送っていると思います。すばらしい銀メダルでした」

とねぎらうが、金メダルだけをめざしていた吉田《よしだ》にとっては、銀ではだめなのだ。

「お父さんに怒《おこ》られる……」

まるで、レスリングをはじめた子どものころのように泣きじゃくる吉田《よしだ》に、観戦していた家族がやさしく語りかける。

「泣かんでいい。だいじょうぶだ。ここまで連れてきてくれたんだから、ありがとう」

いつも晴れやかに

吉田《よしだ》は２０２０年東京大会への出場をめざして現役続行することを表明し、レスリング女子日本代表コーチもつとめていた。

だが、２０１９年１月に引退を発表し、会見を開いた。

「レスリングは、やりつくしたなという思いが強くなり、心が決まりました」

「父は、『よくがんばった』と、天国から言ってくれていると思います」

引退会見の会場におとずれていた母は、こう話した。

「『霊長類《れいちょうるい》最強女子』なんて言われても、あの子は、私のかわいい娘《むすめ》なんです」

父のきびしい愛、母のやさしい愛……。

両親の大きな愛情に見守られて、現役生活にピリオドを打った吉田《よしだ》。表情は、とても晴れやかだった。

【参考文献】
『吉田沙保里　119連勝の方程式』布施鋼治（新潮社）2008
『オリンピック　ヒーローたちの物語』大野益弘（ポプラ社）2012
『心にのこるオリンピック・パラリンピックの読みもの　1』（学校図書）2016
『すごいぞ！　オリンピック・パラリンピックの大記録』（講談社）2016
『世界に感動をあたえた日本人〔上〕スポーツ　国際理解・平和編』（評論社）2017

第2章

世界の女子柔道をリードした最強の女王

柔道

谷亮子

（田村）

1992年バルセロナ大会　柔道女子　48キロ級／銀
1996年アトランタ大会　柔道女子　48キロ級／銀
2000年シドニー大会　柔道女子　48キロ級／金
2004年アテネ大会　柔道女子　48キロ級／金
2008年北京大会　柔道女子　48キロ級／銅

切望した金メダル

わずか15歳《さい》の時に、当時の世界女王に勝利した田《た》村《むら》亮《りょう》子《こ》。

身長146センチと小さな体で、対戦相手へ果敢《かかん》に立ち向かう。

そして、すばやい身のこなしで一本勝ちを決める。

トレードマークは、赤いヘアゴムで髪《かみ》をむすんだスタイル。

はつらつとした少女は「ヤワラちゃん」とよばれて親しまれ、メディアの注目を集めつづけた。

世界選手権6連覇《れんぱ》、全日本体重別11連覇《れんぱ》。

そしてオリンピックでは、連続して出場した5大会すべてでメダルをかくとくした。

圧倒《あっとう》的な強さをほこるとともに、「勝つのが当たり前」というプレッシャーのなかで長年頂点に立ちつづける強い精神力を持っていた。

日本の女子柔道《じゅうどう》界をリードしつづけ、世界の女子柔道《じゅうどう》の普及《ふきゅう》にも大きく貢献《こうけん》した亮《りょう》子《こ》だが、もちろん人一倍の努力あってこそ、勝利を手にしてきた。

それでも、オリンピックで念願の金メダルをかくとくするには、柔道《じゅうどう》をはじめてから17年の歳月《さいげつ》と、試練を乗りこえる自分自身との戦いが必要だった。

最高でも金
最低でも金

2000年9月。
オーストラリアのシドニーでおこなわれたオリンピック。
これまでバルセロナ大会・アトランタ大会ともに銀メダルだった田《た》村《むら》亮《りょう》子《こ》は、
「最高でも金（メダル）、最低でも金（メダル）」
という言葉とともに、今大会にのぞんだ。
これまでも、強い言葉を公言して自分を追いこんできた。
プレッシャーを力に変えて、有言実行をつらぬいてきたのだ。
「言ったからには、やらなきゃ！
今度こそ、絶対に金メダルをとる。
金メダル以外いらない」

気迫《きはく》のこもった あざやかな勝利

女子48キロ級の初戦では中国の趙順心《チョウジュンシン》と対戦。

終了《しゅうりょう》、1秒前。

内股《うちまた》返しの有効でかろうじて勝利する。

つづく準々決勝では、ウクライナのリウドミラ・ルシニコワに払《はら》い腰《ごし》で一本勝ちすると、準決勝では北朝鮮《ちょうせん》のチャ・ヒョニャンを判定で破った。

そして、ロシアのリュボフ・ブロレトワとの決勝戦。

亮子《りょうこ》への大きな声援《せいえん》が、会場じゅうにひびきわたる。

観客席でゆれるたくさんの日の丸。

それを背に、きりっとひきしまった表情で畳《たたみ》に上がった。

すると開始わずか38秒、ブロレトワのえりをつかむと、気迫《きはく》のこもった内股《うちまた》があざやかに決まった。

亮子《りょうこ》よりひと回りほど大きなブロレトワの体が、畳《たたみ》に転がる。

あっという間の一本勝ちに、声援《せいえん》は大歓声《かんせい》に変わる。

亮子《りょうこ》ははじけるような笑顔で、畳《たたみ》の上で何度もぴょんぴょん飛びはねて、こみあげる喜びを爆発《ばくはつ》させた。

17年かけてつかんだ夢

三度目の挑戦《ちょうせん》で、はじめて手にしたオリンピックの金メダル。

「金メダル確実」と言われたバルセロナ大会で敗れてから8年、柔道《じゅうどう》をはじめてから17年かけてやっとつかんだ、念願の金メダルだ。

笑顔で表彰台《ひょうしょうだい》のてっぺんにのぼると、首にかけられた金メダルをほこらしくかかげ、だいじににぎりしめる。

「初恋《はつこい》の人にめぐりあえたような気分です」

ずっとずっとほしかった金メダルを〝初恋《はつこい》の人〟にたとえ、出会うために人一倍、いや3倍もの努力を重ねてきた。

そっと金メダルにキスをする国民的ヒロインを、日本じゅうが祝福した。

でも、これですっかり満足したわけではない。

すでに別の思いがわきあがっていた。

「４年後のアテネ大会でも、表彰《ひょうしょう》台のいちばん上に立ちたい！」と。

柔道《じゅうどう》ってかっこいい！

福岡県で生まれ育った亮子《りょうこ》は、小学２年生の時に、４つ年上の兄が通っていた柔道《じゅうどう》教室についていった。

「かっこいい！　私もやってみたい」

柔道《じゅうどう》を習いはじめてから数か月後。

なんと、近所の神社の奉納《ほうのう》試合で男の子も投げ飛ばす５人ぬきで優勝し、運動能力の高さと柔道《じゅうどう》の才能を見せつけた。

亮子《りょうこ》が小学生のとき、女子柔道《じゅうどう》はまだオリンピックの種目ではなかった。

だが、卒業文集に、

「夢は、オリンピックに出られるような柔道《じゅうどう》の選手になること」

と書き、高い目標を持って練習にはげんでいた。

中学3年生・15歳《さい》でむかえた、１９９０年12月の福岡国際女子柔道《じゅうどう》選手権大会。

準決勝の相手は、長年この階級を制してきた世界女王。

イギリスのカレン・ブリッグスだ。

はじめて参加した国際大会で、ここまで勝ち進んだ亮子《りょうこ》は確かにすごい。

だが、だれもが世界女王の勝利をうたがわない。

衝撃《しょうげき》的なデビュー

すると亮子《りょうこ》は、体落としと内股《うちまた》で立てつづけに技ありをとり、わずか28秒のあわせ技一本で女王に勝利した。

さらに決勝では、前年の優勝者である中国の李愛月《リアイゲツ》に、内股《うちまた》すかしで一本勝ちを決めた。

この福岡国際で、世界の強豪《きょうごう》選手を相手に最年少の15歳《さい》で優勝した亮子《りょうこ》。

衝撃《しょうげき》的な国際大会デビューをかざり、その名を世界に知らしめたのだった。

このころから、天才柔道《じゅうどう》家のヒロインが活躍《かつやく》するマンガ「YAWARA!」が人気になっていた。

その作品になぞらえて、亮子《りょうこ》は「ヤワラちゃん」のニックネームでよばれるようになった。

世界チャンピオンとの激戦

それから2年後の１９９２年。

女子柔道《じゅうどう》がオリンピックの正式種目となったバルセロナ大会に出場する。

若さあふれる16歳《さい》の亮子《りょうこ》は順調に勝ち進んだ。

準決勝では強敵ブリッグスに勝利。

決勝ではフランスのセシル・ノバックと対戦した。

相手のノバックは世界チャンピオンだ。

開始30秒すぎに効果をとられたのち、さかんに攻《せ》めこむものの反撃《はんげき》およばず、敗れて銀メダルに終わった。

谷（田村）亮子

「あともう少しで、金メダルだったのに……」

16歳《さい》の銀メダリストは、くやしさをかみしめた。


翌１９９３年10月。

カナダで開催《かいさい》された世界選手権で優勝した亮子《りょうこ》は、史上最年少の18歳《さい》１か月で世界チャンピオンとなった。

世界的な大会でのはじめての優勝は、亮子《りょうこ》に喜びと自信をあたえた。

そして数々の国内外の大会を制し、84連勝というかがやかしい戦績でもどってきた。

ふたたびのオリンピックの舞台《ぶたい》。

１９９６年アトランタ大会に。

キューバのアマリリス・サボンが最大の強敵と考えられていたものの、この48キロ級で負け知らずの亮子《りょうこ》の実力はぬきんでている。

「今度こそ金メダル」と、日本じゅうの期待を集めていた。

そのサボンとは準決勝であたり、得意の背負い投げで破る。

いよいよ決勝へと進む。

相手は、ワイルドカード（特別参加枠《わく》）で出場してきた北朝鮮《ちょうせん》のケー・スンヒ。

これまで一度も対戦したことがない。

データもまったくない、未知の選手だった。

ケーは柔道《じゅうどう》衣を左前に着ていたので組み手が取りにくく、思うように攻《せ》められない。

いつものようにすばやい動きができず、残り22秒で効果をとられ、前大会につづいて銀メダルにとどまった。

両手を上げて喜ぶケーとは対照的に、亮子《りょうこ》はぼうぜんとして畳《たたみ》にすわりこんだ。

思いもよらない結末。

世界じゅうがおどろいた。

また負けてしまったら

「なぜか決勝戦だけ、気合が入らなかった。集中力がなかった」

「みんなが応援《おうえん》してくれるから、絶対に勝たなきゃいけない。

それで、かたさがあったのかもしれない」

試合直後のインタビューで、そう語った亮子《りょうこ》は、まさかの敗戦を冷静にふり返りつつ、大きなショックをうけていた。

柔道《じゅうどう》をはじめてからの喜びや、自信や勇気。

それらがすべて打ちくだかれたような気分におちいった。

「次のシドニーでは、絶対に優勝したい。

でも、また4年間の練習に耐《た》えられるのか。

また負けてしまったら……」

マイナスの考えにとらわれて、ねむれない日々がつづく。

だれよりも練習熱心だった亮子《りょうこ》が、2か月も柔道《じゅうどう》の練習を休んだほど、打ちのめされていた。

ふと、あらためて、アトランタ大会での敗因について考えた。

試合をビデオで見直して、準決勝でサボンに一本勝ちした時に大喜びしている自分の姿に、疑問を感じた。

「まだ決勝戦が残っているのに、どうしてあんなに喜んでいるんだろう。

最大のライバルに勝って、これでもう優勝は決まったようなものだと自信満々になったのが間ちがいだった」

気のゆるみが、油断となったことに気づいた。

「負けたから銀メダリストになったのではなく、はじめから銀メダリストの器だったんだ」

そう言い聞かせて、自分の弱さをうけとめた。

勝ちつづけることは、
もっと難しい

「やっぱり私は、金メダルがほしい！

オリンピックで金メダルをとるまで、あきらめない。

自分が完璧《かんぺき》になったとき、最高の喜びが、きっとまっている」

しっかりと気持ちを立て直す。


それから出場した大会では優勝するまで気をゆるめることなく、対戦するすべての選手を手強いライバルと思うようになった。

さらに今まで以上に練習にはげんで筋力がついた。

パワーとスピードの向上につとめて、技術もみがきぬく。

１４６センチと小柄《こがら》な亮子《りょうこ》は、もともとは背負い投げや、小内刈《こうちが》り、大内刈《おおうちが》りなどを得意技としていた。

しかし、背負い技が相手に警戒《けいかい》されるため、寝技《ねわざ》をふくめ他の技もしっかり習得し、いろいろな攻《せ》め方ができるようになった。

実際のところ、技が多いというよりも、駆《か》け引きがうまいので、相手に反応したすばやい動きの中に、自然と技がふくまれているという感じなのだ。

１９９９年12月の福岡国際で10連覇《れんぱ》を達成した際には、こう語った。

「勝つことは難しい。勝ちつづけることは、もっと難しい。でも今日の経験は、シドニーで必ず生きる」

「今まで経験してきたことを発揮するときが、いよいよ来たんです。やるしかない！」

そして、心・技・体がしっかりかみあったシドニー大会で、ついに〝初恋《はつこい》の人〟金メダルにめぐりあうことになるのだ。

そして、２００３年12月。

プロ野球のオリックス・ブルーウェーブ（現在のオリックス・バファローズ）所属の、谷佳知《たによしとも》選手と結婚《けっこん》し、翌年のアテネ大会には「谷亮子《たにりょうこ》」としてのぞんだ。

この時も、「田村《たむら》で金、谷《たに》でも金」と強気の宣言をした。

結婚《けっこん》後も変わらず世界の頂点をめざす決意を述べて、自分自身を鼓舞《こぶ》したのだ。

それに見合う猛《もう》練習も積んできた。

だが、オリンピック本番の1か月前に左足首をいためてしまう。

10日間は歩くこともできず、全治1か月と診断《しんだん》されていた。

しかし、出場さえ危ぶまれたぎりぎりの状況《じょうきょう》で、できるかぎりの治療《ちりょう》によって、おどろくほどの回復をみせる。

十分に練習ができなかったぶんを、これまでの経験でカバーし、ケガの影響《えいきょう》が心配されたもののオール一本勝ちで決勝まで進んだ。

田村《たむら》でも、谷《たに》でも金！

決勝では、フランスのフレデリク・ジョシネと対戦。

大阪でおこなわれた前年の世界選手権で、優勝を争った相手だ。

おたがい手のうちを知りつくしている強敵。

会場にもはりつめた空気がただよう。

「もし足が使えなくなっても、畳《たたみ》の上に立ちつづけよう」

それほどの強い決意を胸に、亮子《りょうこ》は攻《せ》めの柔道《じゅうどう》でポイントをとりにいった。

開始まもなく大外刈《が》りで効果をとり、その直後には背負い投げで有効をうばう。

さらに終了《しゅうりょう》17秒前にはみごとな大内刈《おおうちが》りで技ありをとった。

残り時間、あと３秒、２秒、１秒……金メダルへのカウントダウン。

そして、優勢勝ちで試合終了《しゅうりょう》。

亮子《りょうこ》は両手をぐっとにぎりしめ、天に向かってこぶしをつきあげた。

喜びがこみあげた。

そしてほっとした表情をうかべ、大きく両手をふって、観客の歓声《かんせい》に応えた。

その中には、亮子《りょうこ》の努力をいちばん近くで見てきた、夫・谷佳知《たによしとも》の姿もあった。

オリンピック連覇《れんぱ》は、日本女子初の大記録だ。

さらに、結婚《けっこん》している日本の女子選手がオリンピックで金メダルをかくとくしたのもはじめてのこと。

歴史的な快挙をなしとげた亮子《りょうこ》は、試合直後のインタビューで、

「シドニーのときよりも何倍もうれしいです」

「『谷亮子《たにりょうこ》』としてオリンピックチャンピオンになれて、うれしく思います」

と、思いがあふれて涙《なみだ》を流した。

また、野球の日本代表選手として今大会に出場していた夫の谷は、アトランタ大会での銀メダルにつづいて銅メダルをかくとく。

夫婦そろって同じ大会でのメダリストになったことも大きな話題になった。

前人未到《みとう》のオリンピック連覇《れんぱ》

翌２００５年12月。

長男を出産すると、２００７年には競技に復帰。

そして２００８年北京大会の代表に選ばれた。

これは、夏季大会・５大会連続出場という快挙だ。

もちろん、めざすは「ママでも金」だ。

北京大会、柔道《じゅうどう》競技の初日に登場。

初戦、2回戦、準々決勝と順調に勝ちあがる。

そして準決勝では、ルーマニアのアリナ・ドゥミトルと対戦した。

アテネ大会の準決勝で、亮子《りょうこ》に敗れた相手だ。

試合がはじまる。

たがいに組み手をきらって決め手がない。

そのまま、わずかな指導の差で敗れた。

亮子《りょうこ》のオリンピック3連覇《れんぱ》はならなかった。

外国選手に負けたのは、アトランタ大会の決勝以来12年ぶり。

ヨーロッパの選手に負けたのは、バルセロナ大会の決勝以来16年ぶりのことだった。

その後の3位決定戦は、ロシアのリュドミラ・ボグダノワ。

内股《うちまた》で一本勝ちをおさめた。

オリンピック5大会連続のメダルとなる銅メダルをしっかりかくとくした。

長年にわたって亮子《りょうこ》はかがやかしい活躍《かつやく》をのこしてきた。

日本の女子柔道《じゅうどう》界を大いに盛り上げてきた。

アテネ大会では亮子《りょうこ》の２連覇《れんぱ》だけではない。

７つの階級のうち、５人の女子選手が金メダルをかくとくしたのだ。

亮子《りょうこ》の引退後も、２０１２年ロンドン大会、２０１６年リオデジャネイロ大会で、日本の女子選手のメダルかくとくはとぎれなかった。

日本女子柔道《じゅうどう》の伝統は世代をこえて引きつがれている。

また、おおくの学校や会社で女子柔道《じゅうどう》部ができたのも、亮子《りょうこ》の活躍《かつやく》があったからだ。

もちろん日本だけでない。

亮子《りょうこ》をあこがれの対象として、また、たおすべき相手として、世界各国の選手が練習にはげんできた。

それが、女子柔道《じゅうどう》全体のレベルアップにつながることとなった。

ヤワラちゃんが残したもの

２０１１年８月。

亮子《りょうこ》は国際柔道《じゅうどう》連盟から、女子柔道《じゅうどう》の史上最高選手に選ばれた。

身長146センチの小さな、そして最強の女王。
「ヤワラちゃん」が世界の女子柔道《じゅうどう》にあたえた影響《えいきょう》と功績《こうせき》。
それはとても大きなものなのだ。

【参考文献】

『決定版　夢をそだてるスポーツ感動名場面101』（講談社）2008
『心にのこるオリンピック・パラリンピックの読みもの　1』（学校図書）2016
『すごいぞ！　オリンピック・パラリンピックの大記録』（講談社）2016

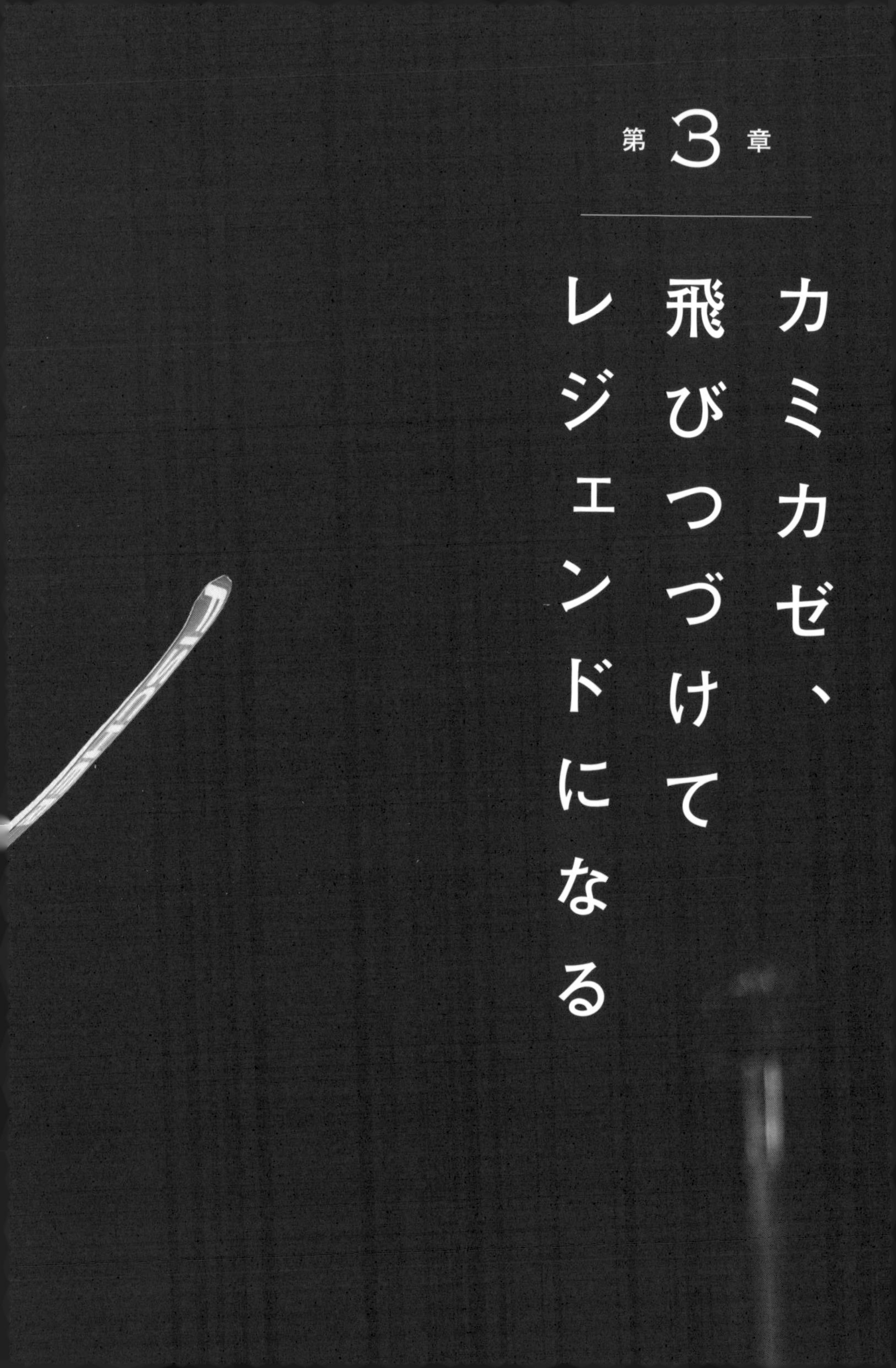

第3章

カミカゼ、飛びつづけてレジェンドになる

スキージャンプ

葛西紀明

1994年リレハンメル大会 スキージャンプ ラージヒル団体／銀
2014年ソチ大会 スキージャンプ ラージヒル団体／銅、ラージヒル個人／銀

２０１４年２月。

ソチ冬季大会に、「レジェンド（伝説）」とよばれるスキージャンパーが出場した。

だれよりも目立つ全身黄色のジャンプスーツ。

その姿が、ラージヒルを舞《ま》った。

１回目に１３９メートル。

２回目に１３３・５メートルという大ジャンプ。

飛距離《きょり》ナンバーワンを記録した。

だが彼《かれ》は、着地姿勢でわずかにおよばず、２位となった。

メダルが確定して会場が歓声《かんせい》にわく。

彼《かれ》は一瞬《いっしゅん》、くやしそうな顔をした。

そのとき、出場した各国の選手たちがわれ先に握手《あくしゅ》をしに向かった。

その先にいたのは、２位の彼《かれ》だった。

金メダルを連想させる色のスーツのなかで、葛西紀明《かさいのりあき》は笑顔でライバルたちからの祝福をうけた。

彼《かれ》が選手たちから尊敬を集め、「レジェンド」とよばれるゆえんは、22年間もの長きにわたって世界で活躍《かつやく》しつづけた実績《じっせき》にある。

葛西紀明

葛西紀明《かさいのりあき》は41歳《さい》8か月という史上最年長で、スキージャンプのメダルかくとくという大記録をうちたてた。

おおくのジャンプ選手は、30歳《さい》を過ぎたころから「ベテラン」といわれ、30代後半ともなれば、現役をつづけている選手は非常にめずらしい。

40歳《さい》を超《こ》えても世界の第一線で活躍《かつやく》している理由……。

それは、「オリンピックで金メダル」という夢を追いつづけてきたからだ。

スキージャンプのさかんな町で

葛西《かさい》は１９７２年、北海道北部の下川町で生まれた。

下川町はスキージャンプ競技のさかんな町として知られている。

大人も子どももジャンプを楽しめる環境《かんきょう》があった。

葛西《かさい》がはじめてジャンプを体験したのは9歳《さい》のときだ。

友達といっしょにジャンプ台に立った彼《かれ》は、

「うわぁ！　こわいなぁー！」

そうさけびながら、恐怖《きょうふ》とどこまで飛べるだろうという好奇心《こうきしん》とでしばらく迷っていたが、

「よし、行っちゃおう！」

と思いきって飛び出した。

もちろん、すぐに地面に落ちてしまった。

けれど、たった数秒間でも空を舞《ま》った気持ちよさが葛西《かさい》の心をとりこにした。

家が貧しくて禁止されていたジャンプ

それから、葛西《かさい》は家族にかくれてジャンプをするようになった。

家が貧しかったため、お金のかかるジャンプ競技を両親に禁じられていたからだ。

しかし、ほどなくゆるされるようになる。

町民スキー大会の小学3年・4年部門に出場し、いきなり2位という好成績をおさめ、才能が注目されたのだ。

両親は町のひとの説得によって彼《かれ》のジャンプ競技をみとめるようになったのだ。

高額なスキー板やジャンプスーツを買うお金がない。

知り合いのお下がりなどを借りて、葛西《かさい》はジャンプの練習にはげんだ。


中学生になると、葛西《かさい》の実力は全国的に知れわたった。

中学2年生では、国内の中学生大会でほとんど負けなしの成績をのこしている。

成長につれて、ジャンプ台の距離《きょり》と高さものびていった。

下川町では50メートル級のジャンプ台に慣れ親しんでいた。

しかし、北海道の代表的なジャンプ場である宮の森ジャンプ競技場には70メートル級がある。

「たった20メートルの差」

そう思って70メートル級のジャンプ台に立つ。

ところが、それまでとはまったくちがう視界が目に飛びこむ。

葛西《かさい》の足はすくんだ。

身にうける風圧もくらべものにならない。

思いきって飛んでみた。

その気持ちよさは想像をはるかに超《こ》えていた。

「もっと遠くへ飛びたい！」

葛西《かさい》の思いは強くなるばかりだった。

お母さんに大きな家を建ててあげたい

葛西《かさい》の成長をささえたのは、母の幸子だ。

ほとんど働かない父親にかわって寝《ね》る間もおしんで働き、家族をやしなった。

それでも一家の夕食が足りなくなることもあるほど生活はきびしい。

葛西《かさい》はスキーの遠征《えんせい》先などで仲間が広げるカラフルなお弁当がいつもうらやましかった。

彼《かれ》はおかずがひとつしかない自分のお弁当に母の苦労を思い、

「早くお母さんを楽にしてあげたい、お母さんに大きな家を建ててあげたい」

という夢を育てた。

その夢を実現するためにも、ジャンプで有名な選手になるんだ。

中学3年生のとき、葛西《かさい》はゆいしょある成年のスキー大会のテストジャンパーに、抜擢《ばってき》された。

はじめて挑戦《ちょうせん》する90メートル級で、緊張《きんちょう》しながら飛んだ。

その記録は、１０７メートルと１１０メートル。

この大会の優勝者をこえるナンバーワンジャンプとなった。

高校生になると活躍《かつやく》の舞台《ぶたい》を世界に移す。

はじめのうちは世界トップとの力の差を思い知らされる。

だが、１９８９年には高校１年生にしてはじめて国際大会での優勝をはたした。

しだいに、葛西《かさい》の名前は世界でも知られるようになっていく。

高校２年の冬の遠征《えんせい》では、生徒手帳に写真をはさんでいたあこがれの大スター、マッチ・ニッカネン（フィンランド）にジャンプスーツをプレゼントされるといううれしいできごともあった。

ニッカネンは、１９８８年カルガリー冬季オリンピックで前人未到《みとう》のジャンプ３冠《かん》にかがやいている。

ニッカネンにもらったジャンプスーツは、葛西《かさい》の一生の宝物になった。

海外遠征《えんせい》は新鮮《しんせん》な体験の連続だったが、葛西《かさい》はいつも家族のことを忘れなかった。

転戦する先々で家族に絵はがきをおくった。

母だけでなく、姉や妹も楽しみを犠牲《ぎせい》にして自分を応援《おうえん》してくれている。

そんな家族の思いを葛西《かさい》は知っていた。

スランプにおちいったときには、母の手紙が心のささえになった。

金メダルをすりおろして
久美子に飲ませる

１９９２年。

葛西《かさい》ははじめてのオリンピックの舞台《ぶたい》に立った。

アルベールビル大会。

この大会の直前、世界のトップジャンパーはスタイルを変更《へんこう》していた。

これまでは、スキーを平行にそろえて飛ぶクラシカルスタイル。

大会では、スキーを前方に大きく開くV字スタイルへと飛び方を変えて飛距離《きょり》をのばしてきたのだ。

日本選手は飛び方の修正におくれをとっていた。

このため、この大会では日本選手は目立った成績を残せなかった。

葛西《かさい》もノーマルヒル（70メートル級）31位。

ラージヒル（90メートル級）26位に終わる。

しかし、直後に開催《かいさい》されたワールドカップでは、19歳《さい》の日本人史上最年少（当時）で初優勝をとげた。

ジャンプの本場ヨーロッパで「カミカゼ・カサイ」のニックネームがついたのはこのころからだ。

順調にいけば、次のオリンピックでのメダルは難しいことではなさそうだった。

だがこのあと、葛西《かさい》をいくつもの大きな不運がおそうことになる。


翌年、仲のよかった妹の久美子が、生死もあやぶまれる難病を発症《はっしょう》する。

幼いころはいっしょにジャンプを楽しみ、葛西《かさい》が海外遠征《えんせい》するようになってからは遠征《えんせい》先の国を地図帳で調べ、その国と日本との時差をしっかりおぼえて応援《おうえん》してくれるような妹だった。

海外を転戦しながら、葛西《かさい》は心配でしかたがなかった。

試合では極度の集中を求められる。

「久美子のためにもがんばろう」

と思っても、集中しきれず、不調におちいった。

「金メダルをすりおろして久美子に飲ませる」

と決意してのぞんだ、１９９４年リレハンメル大会。

葛西《かさい》には二度目のオリンピック。

直前のワールドカップでは優勝している。

今回は、いける。

だが、ノーマルヒルは5位とメダルにおよばず、ラージヒルは14位というふがいない結果に終わった。

団体戦では西方仁也《にしかたじんや》、岡部孝信《おかべたかのぶ》、葛西《かさい》、原田雅彦《はらだまさひこ》の４人が飛ぶ。

２本目の終盤《しゅうばん》には金メダルがほぼ確実といわれるような位置につけた。

４人目のジャンパーは原田《はらだ》。

飛距離《きょり》がのびずに銀メダルとなった。

あと少しで優勝をのがした。

次こそは金メダルを。

葛西《かさい》の決意は強さをました。

しかし……。

お母さんへの夢は、かなわなかった

長野オリンピックを約1年半後にひかえた、１９９６年6月。

葛西《かさい》の家が放火される。

母親が全身に大やけどを負った。

11か月後、治療《ちりょう》のかいなくこの世を去る。

子どもたちの成長を願ってひたすら働きつづけた、48年の短い生涯《しょうがい》だった。

「お母さんに家を建ててあげる」

という葛西《かさい》の夢は、かなわずに終わった。

人生でたった一度であろう自国開催《かいさい》のオリンピックで、金メダルをとるところを見せたかったのに。

金メダルをさわらせてあげたかったのに。

そう思うと、涙《なみだ》があふれて止まらなかった。

「今、この時をがんばれ」

そんな葛西《かさい》に、姉の紀子から一冊のノートが手わたされた。

母親の病室を片付けたときに見つかったものだ。

そこには、やけどでペンをにぎる力もなかったはずの母の字で、息子へのメッセージがつづられていた。

「紀明《のりあき》の試合が見たい」

「絶対にお前は世界一になれる」

「今、この時をがんばれ」

「お前がどん底からはい上がってくるのを楽しみにまっている」

やっとのことで読める、うっすらとした文字だった。

１９９７―１９９８年シーズン。

葛西《かさい》は日本のエースにふさわしい好調なすべり出しをした。

葛西紀明

すべては長野オリンピックで金メダルをとるため。

母の生きているうちには間に合わなかったけれど、金メダルを見せてあげたい。

病と闘《たたか》っている妹にも「奇跡《きせき》はおこる」と伝えたい。

しかし、年末から風向きが変わった。

まず左足首をねんざし、むりをして悪化させてしまう。

また、それまでの心労がたたってひどい風邪《かぜ》もひいた。

なんとかオリンピック代表になった葛西《かさい》だったが、ノーマルヒルでよい結果を出せず、団体戦ではメンバーから外されてしまった。

ふだんの葛西《かさい》の実力からすれば考えられないことだった。

団体戦を戦うのは、リレハンメル大会チームメイトの原田《はらだ》と岡部《おかべ》と斉藤浩哉《さいとうひろや》。

それに、ここ数年で急成長しラージヒルで金メダルをとった年下の船木和喜《ふなきかずよし》。

葛西《かさい》は団体戦がはじまったとき、会場にいなかった。

自分がでないのに応援《おうえん》するなんてまっぴらごめんだった。

１本目を終えて日本の順位が４位と知り、

「そら見たことか」

と思った。

2本目から、会場に見に行った。

「ガンバレ、ニッポン！」

の大声援《せいえん》のなか、

「飛ぶな。落ちろ！」

と心の中でさけびながら見た。

だが、そうはならなかった。

いつか、いい風がくる

リレハンメル大会で失敗をした原田《はらだ》が特大のジャンプを見せる。

アンカーの船木《ふなき》が完ぺきな弧《こ》を空にえがいた。

なんとしても自分がとりたかった金メダル。

それを、自分の目の前で、ライバルたちが実現した。

地元観衆の大歓声《かんせい》を背中で聞きながら、葛西《かさい》は1人ホテルへもどった。

金メダルをとったチームメイトの顔など見たくもなかった。

葛西紀明

大会のことすら忘れたかった。

でも彼《かれ》は大会後の公式行事に、チームメイトとともに出席しなければならなかった。

金メダルを首からさげた４人の横に、葛西《かさい》は髪《かみ》を金色に染めて並んだ。

全身を切り刻まれるようなくやしさのなかで、彼《かれ》は自分を激励《げきれい》していた。

「いつか、いい風がくる。だからそれまでは、どんなことがあってもがんばるんだ」

その後も、葛西《かさい》は好調・不調をくり返した。

ワールドカップで表彰《ひょうしょう》台に立ちつづけた時期もあれば、数年間にもわたって低迷した時期もあった。

絶不調のなかむかえた４回目のオリンピック。

２００２年ソルトレークシティ大会の結果はひどいものだった。

１本目の飛距離《きょり》が足りず、２本目に進めなかったのだ。

ほどなくして、おおくの選手が引退を考える30歳《さい》をこえた。

だが、葛西《かさい》はやめる気などなかった。

２００６年トリノ大会でも、２０１０年バンクーバー大会でも、メダルはとれなかった。

いつのまにか、同年代の現役選手はほとんどいなくなっていた。

「悲運のジャンパー」などといわれることも増えたが、葛西《かさい》はかまわなかった。

これ以上ないというほどに肉体をきたえあげ、若い選手に負けないコンディションを維持《いじ》した。

長年飛びつづけたフォームも研究し、改善をかさねた。

飛びだすタイミングだけではない。

いつ両手を広げるか、手のひらは閉じたほうがいいのか開くほうがいいのか。体はまっすぐがいいのか少し腰《こし》を折るのがいいのか。徹底《てってい》的に研究しつくした。

そして、両手を少し開き、両手のひらを広げて飛ぶ、ムササビのような独特のスタイルが完成した。

１０年ぶりの優勝
個人ではじめての銀メダル

ジャンプ競技は、体力と技術だけでなく、メンタル、体重、天候や風の向き、強さなど、じつにさまざまな要因によって記録がつくられる。

葛西紀明

「運」も、勝利の大きな要素だった。

常にベストコンディションを維持《いじ》していれば、いつか必ず金メダルが自分をむかえに来てくれる。

葛西《かさい》はそう信じて、競技をつづけた。

いつしか彼《かれ》は、世界のひとびとから「レジェンド」とよばれるようになっていた。

観客もみな葛西《かさい》を知っている。

どの国の会場でも彼《かれ》の出場シーンには大歓声《かんせい》と拍手《はくしゅ》があがった。

戦いつづける葛西《かさい》の手元には、元気なころの母がくれた手紙がいつもあった。

２０１４年１月、41歳《さい》になった葛西《かさい》は、ワールドカップで10年ぶりとなる優勝をはたし、最年長優勝記録を更新《こうしん》した。

16回のワールドカップ優勝は、日本男子選手では最多優勝記録だ。

そして２月。オリンピック７大会目となったソチ。

ついに葛西《かさい》は個人でははじめてのメダルとなる銀メダルを手にしたのだった。

宿舎で仲間に祝福された後、葛西《かさい》は、そこに顔を見せなかったある選手の部屋をおとずれた。

２日後におこなわれる団体戦のメンバーから外れた渡瀬雄太《わたせゆうた》だ。

葛西《かさい》の目にはそのときの渡瀬《わたせ》が、長野大会での自分そのもののように映っていた。

団体戦にいどむのは、葛西《かさい》と伊東大貴《いとうだいき》、竹内択《たけうちたく》、清水礼留飛《しみずれるひ》。葛西《かさい》以外はみな20代の仲間たちだ。

年齢《ねんれい》こそ若かったが、それぞれに苦労を経験してこの大会をむかえていた。

伊東《いとう》はひざに負傷をかかえて痛み止めを打ちながらの出場だった。

竹内《たけうち》は大会直前に発症《はっしょう》した難病と闘《たたか》っていた。

20歳《さい》の清水《しみず》も大きなくやしさをひめた選手だった。

４人が１本目を飛び終えた段階で、日本の順位は３位。

メダルのプレッシャーがかかるなか、４人は２本目もきっちり１３０メートル以上の距離《きょり》を飛んだ。

そしてアンカー葛西《かさい》が１３４メートルの大ジャンプを成功。銅メダルが確定した。

団体戦でのメダルかくとくは、日本にとっては長野大会以来16年ぶりの快挙だった。

おそらく、葛西《かさい》が本当にほしかったのは金メダルだっただろう。

だが、この日の葛西《かさい》は仲間たちとだき合って泣いた。

記者たちの前でチームメイトの名前をあげてその努力をねぎらい、そして言った。

「メダルの色は関係ない」

葛西《かさい》の戦いを知っているひとびとにとって、どれだけ重くひびく言葉だったろう。

自分だけでなく、若い仲間たちの努力がむくわれてほしい。

そう思って飛んだこの日のジャンプだった。

みんなで力をあわせてとったメダルの喜びに、色は関係なかった。

葛西紀明《かさいのりあき》はその後、２０１８年平昌《ピョンチャン》オリンピックに出場をはたし、２０２０年現在も飛びつづけている。

目標は２０２２年北京大会へのオリンピック９大会目となる出場だ。

金メダルの夢が、今も葛西《かさい》を羽ばたかせている。

【参考文献】
『夢は、努力でかなえる。』葛西紀明（実業之日本社）２０１４
『家族で獲った銀メダル』葛西紀明（光文社）２０１４

第4章

「ビッグマウス」な選手の大きな大きな夢

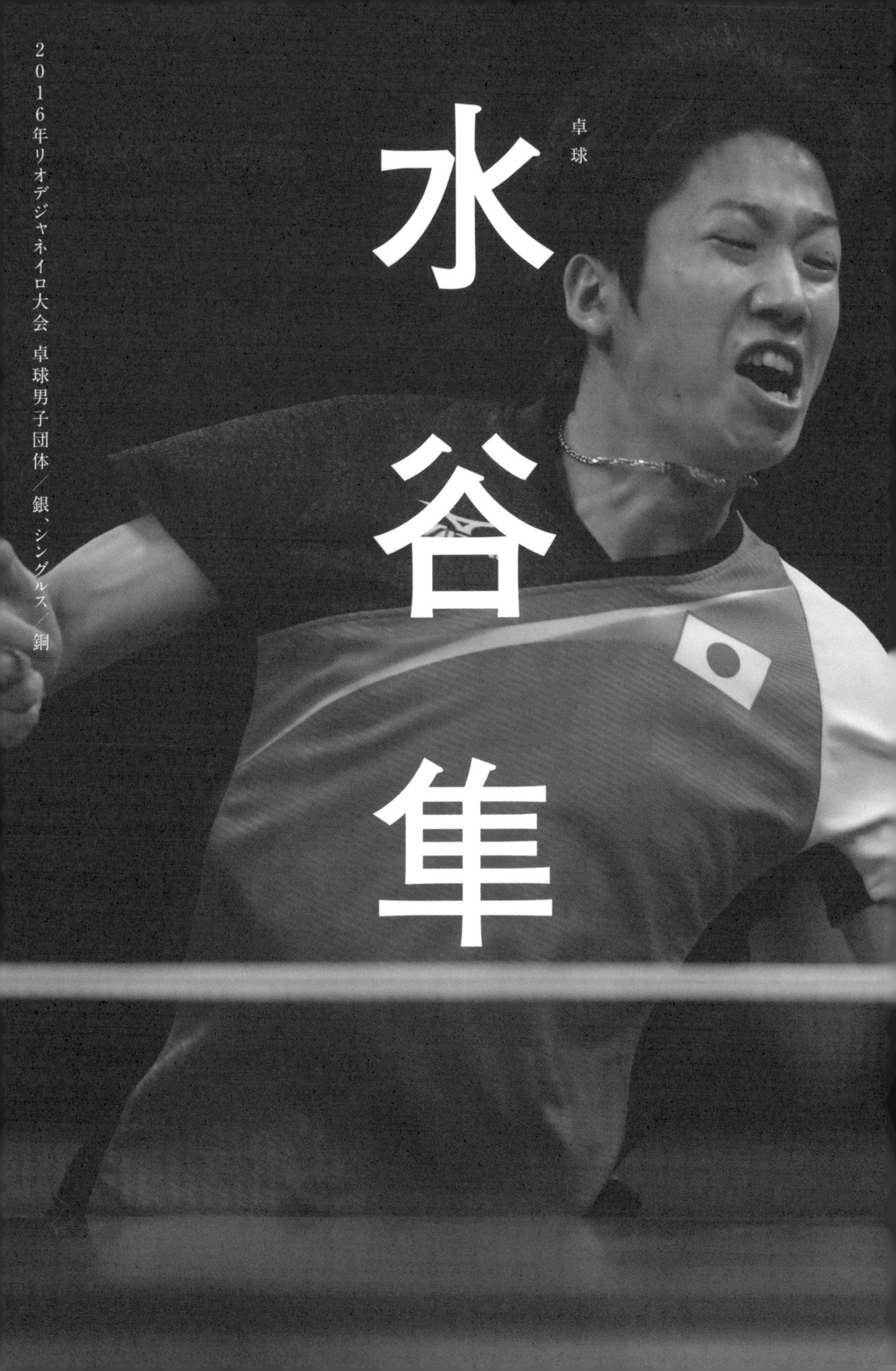

卓球

水谷隼

2016年リオデジャネイロ大会　卓球男子団体／銀、シングルス／銅

派手な言動の裏にあるもの

２０１２年ロンドン大会。

日本卓球《たっきゅう》女子団体が史上初のメダルをかくとくして、大きな注目をあびた。

それから少したったころ。

１人の男子卓球《たっきゅう》選手が、やたらと強気な発言を連発して世間の反感をかった。

「ヒール（悪役）やります」とみずから宣言した彼《かれ》。

自分の強さをアピールするのはもちろん、先輩《せんぱい》を「くん」付けでよんだり、対戦する後輩《こうはい》について「若い芽を早くつむ」と言ったりする。

メディアにそのビッグマウスぶりを批判された。

どちらかというと謙遜《けんそん》することの多い日本のアスリートたちのなかにあって、彼《かれ》の言動は目立った。

自分に実力もないのにえらそうなことを言う人間がきらわれるのはむりもない。

ただ、水谷隼《みずたにじゅん》の場合、強気な発言をするだけの実力はじゅうぶんにあった。

水谷隼

当時最年少の15歳《さい》で日本代表入りし、全日本選手権で男子シングルス史上最多となる5連覇《れんぱ》を達成している。

名実ともに「日本でもっとも強い選手」だったのだ。

実力があり、強気をアピールする水谷《みずたに》も、人間だ。

むしろ、実は性格的にどちらかというと繊細《せんさい》なほうだ。

批判されれば傷つく。

それでも彼《かれ》は、派手な言動をやめなかった。

その理由を明らかにするために、すこし時間をさかのぼろう。

このままでは日本で終わってしまう

水谷隼《みずたにじゅん》は、両親が経営する卓球《たっきゅう》教室で、5歳《さい》のときに卓球《たっきゅう》をはじめた。

全日本選手権のバンビの部（小学2年生以下）に小学1年生で出場。

みごと準優勝にかがやき、翌年には当然のように優勝した。

水谷《みずたに》は「天才少年」と注目されながらその後も各年代で優勝しつづける。

卓球強豪校《たっきゅうきょうごう》の青森山田《やまだ》中学校に進学すると、きびしい監督《かんとく》のもとでさらに力を上げ、中学2年生のときには世界有数の卓球《たっきゅう》リーグのあるドイツに1人で留学することを決意した。

小学校のころからすでにオリンピックでメダルをとることを意識していた水谷《みずたに》は、

「本当に強くなるためにはふつうに上手なだけの選手ではだめだ。このままでは日本国内で終わってしまう」

と感じていた。

大舞台《ぶたい》になるといつもプレッシャーにつぶされそうになる。弱い心をきたえるためにも、競技だけでなく日常生活そのものからきびしい環境《かんきょう》に飛びこむことを選んだのだ。

満を持してむかえたロンドン大会

ドイツでは言葉はなかなか通じない。食事にも慣れない。

年齢《ねんれい》も力も上のドイツ人選手たちにはぼこぼこにされる。

ホームシックにかかった水谷《みずたに》は毎日、両親や友人に電話をしては、

「日本に帰りたい」

とこぼした。

ピザとコーラばかりのかたよった食事をつづけ、すねを疲労《ひろう》骨折したこともあった。

だが、苦労のかいあって、実力はまた格段にレベルアップ。

17歳《さい》７か月という当時史上最年少の若さで、成人の年代もふくむ全日本選手権を制した。

19歳《さい》で、早くも日本のエースとして出場した２００８年北京オリンピック。

大舞台《ぶたい》の空気にのまれたこともありシングルスでは３回戦敗退をしたが、団体戦ではメダルまであと少しの５位。

この大会結果が、水谷《みずたに》のメダルへの思いを燃え上がらせた。

２００９年。

水谷《みずたに》は、世界最強の卓球《たっきゅう》大国、中国のスーパーリーグに身を投じる。

世界ランキング１位の選手を負かすなどの活躍《かつやく》で世界的に注目されるようになった水谷《みずたに》は、満を持して２０１２年ロンドン大会をむかえた。

世界ランキングも5位。

メダルをじゅうぶんねらえる位置だ。

格下相手にまさかのストレート負け

実は、ロンドン大会にのぞむにあたって、水谷《みずたに》はメダルかくとく以外にもある目標をもっていた。

それは、どちらかというと地味な印象をもたれがちな卓球《たっきゅう》を、日本でメジャーなスポーツにすること。

自分の活躍《かつやく》を話題にしてもらい、卓球《たっきゅう》のイメージアップをさせたいと考えていたのだ。

まずは、身なりから入った。

日本の卓球《たっきゅう》協会の規則はきびしい。

選手たちは髪《かみ》を染めたりだらしのない服装をしたりすることが禁じられていた。

だが、水谷《みずたに》は髪《かみ》の襟足《えりあし》の部分を金色に染め、試合にいどんだ。

水谷隼

実力も精神力もきたえてきたはずの水谷《みずたに》。

だがこの大会でもプレッシャーに負けてしまう。

北京大会よりもずっと強まったメダルへのプレッシャーだ。

試合前日はお酒を飲まないとねむれず、シングルスの4回戦で格下を相手にまさかのストレート負けをした。

団体戦でも準決勝敗退。

何も手にできずに、水谷《みずたに》は大会を去るしかなかった。

襟足《えりあし》の金髪《きんぱつ》も、話題になることはなかった。

かわりに日本じゅうの話題をさらったのは、女子団体の大活躍《かつやく》だ。

日本史上初のメダルとなる銀メダルをかくとくした女子チームは、メディアにひっぱりだこになり、連日テレビや新聞をにぎわした。

「愛《あい》ちゃん」の愛称《あいしょう》でおなじみの福原愛《ふくはらあい》を中心とした女子チームが、水谷《みずたに》のかわりに卓球《たっきゅう》ブームを日本にまき起こしたのだった。

女子チームと同様、男子チームもオリンピック選手団の一員としてさまざまなメディアの取材をうけた。

でも、記事や画面で大写しになるのは必ず女子チームのほうだった。

大舞台《ぶたい》で力を発揮できなかった自分への失望。
自分たちの戦いをかえりみてもらえないくやしさ。
水谷《みずたに》は耐《た》えた。
そして決意したのだ。
４年後のリオデジャネイロ大会では、どんなことをしてでもメダルをとる。
そのためなら、自分が悪者になってもいい。
世間から注目されよう。
選手仲間にも奮起してもらい、逃《に》げ場をなくして強くなる。

補助剤《ざい》をぬる不正

ロンドン大会のあと、水谷《みずたに》はもうひとつ、ある決断を実行に移した。
世界ではびこっている不正を告発したのだ。
卓球《たっきゅう》のラケットは、木の板の両面にラバーがはりつけられている。
その接着剤《ざい》として使われていた「スピードグルー」が人体に悪影響《えいきょう》があるとの理由

で、北京大会後に禁止された。

同様にラケットに必要以上の加工をすることも禁じられた。

だが、世界のトップ選手たちの間では「ブースター」とよばれる補助剤《ざい》をラケットにぬるという反則行為《こうい》が広がっていった。

その補助剤《ざい》を本体とラバーの間にぬる。

そうすることで、ぬらないのとではくらべものにならないくらいにボールがよく弾み、パワフルな攻撃《こうげき》ができるようになる。

だが国際卓球《たっきゅう》連盟は、この補助剤《ざい》を検知できる技術をもたなかった。

この問題が解決されるまで、
国際舞台《ぶたい》にはでない

不正は横行し、ロンドン大会では日本以外のほとんどの選手がこの補助剤《ざい》を使用していたと水谷《みずたに》はみていた。

必死の努力で技術をみがき、正々堂々と戦っても、不正がほどこされたラケットのせいで負けてしまう。

そんなことは、スポーツとしてあってはならない。

この不正を世界でもっとも強い中国の選手たちが率先しておこなっている。

あまりにも広がってしまい、正そうという動きはなかった。

暗黙《あんもく》のうちに見のがされていたこの不正。

水谷《みずたに》は、たった１人で立ち向かったのだ。

オリンピックで負けた言い訳だ

「この問題が解決されるまで、国際舞台《ぶたい》にはでない」

選手生命をかけた、決意の宣言だった。

しかし、水谷《みずたに》のこの行動は、数か月をかけても世界に一石を投じることはできなかった。

その反対に、

「オリンピックで負けた言い訳だ」

「卓球《たっきゅう》で食っているのに、卓球《たっきゅう》業界への感謝が足りない」

などと、たたかれた。

ある程度の反発は予想していたが、やはりつらかった。

このまま卓球《たっきゅう》をやめてしまおうか……そうも思った。


だが、おおくの外国選手から「早く国際舞台《ぶたい》にもどってこい」とはげまされた。

まだ23歳《さい》、これから実力的にも飛躍《ひやく》できる年齢《ねんれい》だ。

なにより、水谷《みずたに》は卓球《たっきゅう》が大好きだった。

不正と戦う活動はこれからもつづけるが、今は現役スポーツ選手として、まずは正しいラケットで、メダルをとってみせる。

そう心に誓《ちか》って、水谷《みずたに》は国際舞台《ぶたい》に返り咲《ざ》いた。

「今回のチームは天才の集合。

この１００年間で一番強い、天才が集まった３人」

「シングルス、団体の両方でメダルをとる」

２０１６年リオデジャネイロ大会に向けて成田空港を出発するときの、水谷《みずたに》の言葉だ。

さて、今回の〝ビッグマウス〟は結果と結びついただろうか？

最強日本男子チームの紹介《しょうかい》

その前に、リオデジャネイロ大会にのぞむ日本男子チームの紹介《しょうかい》をしておこう。

シングルスと団体戦に出場するのは水谷《みずたに》と、前年の世界選手権男子ダブルス銅メダリストの丹羽孝希《にわこうき》。

団体戦のみに出場する吉村真晴《よしむらまはる》は同じ世界選手権の混合ダブルスで銀メダルをかくとくしている。

２人とも全日本選手権で水谷《みずたに》をやぶって優勝したことがある。

成長いちじるしい若手実力者だ。

水谷《みずたに》は、ロンドン大会のあとロシアへわたった。

名高い中国人コーチとタッグを組んでますます進化していた。

プレースタイルもみがいた。

これまでは、おもに卓球《たっきゅう》台からはなれてダイナミックに強打するスタイル。

それが、台に近づいておこなうすばやい攻撃《こうげき》も織り交ぜる新たなスタイルへと変化。

国際大会での優勝も重ね、実力も実績《じっせき》もじゅうぶんだ。

いざ、出陣！

ただ、実力と実績《じっせき》があってもかならずオリンピックでメダルをとれるわけではない。

まずは、シングルス。

丹《に》羽《わ》は2回戦から出場し、3連勝して準々決勝までたどりついた。

だが、ロンドン大会金メダリストの中国の張継科《チョウケイカ》にやぶれてベスト8。

水谷《みずたに》は自信をみなぎらせて順調に勝ち上がった。

圧巻だったのは、世界ランキング1位の馬龍《マリュウ》と戦った準決勝だ。

過去10戦して一度も勝ったことがない相手。

水谷《みずたに》は3ゲームをつづけて落として後がなくなった。

そこから驚異《きょうい》的な追い上げを見せた。

最初の3ゲームで、水谷《みずたに》は冷静に馬龍《マリュウ》との距離《きょり》感をつかみ、ボールに対応するすべを学んでいた。

次第に水谷《みずたに》の得意とするラリーが増えていく。
逆に、それまでの4戦のうち3戦を4－0の圧勝で勝ち上がってきた王者馬龍《マリュウ》は、
水谷《みずたに》のねばり強くパワーあふれるラリーに心を乱された。
まるでマンガか映画のような、目にもとまらぬダイナミックなラリーの応酬《おうしゅう》。
観客はくぎ付けになった。
第4ゲーム、第5ゲームを水谷《みずたに》が取り返し、最終ゲームへ。

卓球《たっきゅう》男子史上初の快挙

馬龍《マリュウ》のはげしいスマッシュ。

それを、卓球《たっきゅう》台から大きくはなれた水谷《みずたに》が全身を使って力強く打ち返していく。

どんな球にも水谷《みずたに》は対応する。

ラリーは27往復にもおよんだ。

最後はやぶれて決勝進出はならなかったが、大勢の観客は水谷《みずたに》にも「ジャポン」コールとともにスタンディングオベーションをおくった。

近年の卓球《たっきゅう》競技では、選手の技術が向上し、ボールのやりとりがどんどん速くなっている。

サービスからほんの数球でポイントが決まるケースが増えてきている。

そんななか、水谷《みずたに》と馬龍《マリュウ》の見ごたえのあるラリーは卓球《たっきゅう》競技のおもしろさをぞんぶんに観客に味わわせ、喜ばせたのだった。


ベラルーシのベテラン、ウラジーミル・サムソノフとの3位決定戦。

第5ゲーム、水谷《みずたに》リードでむかえたマッチポイント。

サムソノフのボールがネットにかかった瞬間《しゅんかん》。

水谷《みずたに》はおたけびをあげて、ガッツポーズをしながらフロアにたおれこんだ。

日本卓球《たっきゅう》男子史上初のメダルを決めたのだ。

次は水谷《みずたに》、丹羽《にわ》、吉村《よしむら》がチームでいどむ団体戦だ。

団体戦は、シングルス4試合とダブルス1試合の全5試合。

そのうち、先に3試合をとった方が勝利となる。

このとき、日本の世界ランキングは4位。

水谷《みずたに》のシングルスでの活躍《かつやく》によって、3人はより一層メダルへの確信を強めた。

そしてのぞんだ団体戦。

あと一歩まで迫った金メダル

1回戦の相手はポーランド。

トップバッターの吉村《よしむら》、エース水谷《みずたに》がシングルスでつづけて勝利し日本チームが2試合を先行した。

だが、第3試合の吉村《よしむら》・丹羽《にわ》、第4試合の丹羽《にわ》は負けてしまう。

第5試合は水谷《みずたに》。

プレッシャーのかかる場面でも、勝利をもぎとって3対2で突破《とっぱ》。

準々決勝は世界ランキング5位と実力の拮抗《きっこう》した香港《ホンコン》。

第2、第3、第4試合をとって勝利。

世界ランキング2位のドイツと当たった準決勝では、吉村《よしむら》・丹羽《にわ》のペアが最高のコンビネーションを見せて勝利したダブルスと、水谷《みずたに》の相手を寄せつけない圧巻のシングルスでみごと3対1で決勝進出をはたした。

水谷隼

世界ランク上位を相手に、よゆうすら感じさせる勝利だった。

この時点で銀メダル以上が確定した。


決勝の相手、中国は、卓球《たっきゅう》の世界でずばぬけた実力をもつ。

シングルス世界ランキング上位はつねに中国選手によって占《し》められ、世界選手権では長年にわたりシングルス・ダブルスともにメダルをほぼ独占《どくせん》している。

そんな中国に日本チームはいどみ、みごとな戦いをした。

第1試合では丹羽《にわ》が、1ゲーム目を9-5とリードする強さをみせた。だが、シングルスで銀メダルをとった馬龍《マリュウ》にストレート負け。

第2試合では、水谷《みずたに》がこれまで12試合戦って一度も勝てなかった許昕《キョキン》をフルゲームのすえ撃破《げきは》。

第3試合では吉村《よしむら》・丹羽《にわ》のペアが、シングルス金メダリスト張継科《チョウケイカ》と許昕《キョキン》から1ゲームをうばう大健闘《けんとう》。

第4試合では吉村《よしむら》が馬龍《マリュウ》に完敗。

ここで日本の金メダルへの挑戦《ちょうせん》は終わった。

しかし、選手たちの手には銀メダルがかがやいている。

卓球《たっきゅう》のプロリーグ開幕へ

北京、ロンドンで涙《なみだ》をのんだ水谷《みずたに》。このリオ大会で、団体戦全試合を通じて1試合も負けなかった。エースとしてのつとめをまっとうしたのだ。

卓球《たっきゅう》日本男子にはじめてメダルがもたらされた。それも銀メダル、銅メダルの2つ。

帰国した水谷《みずたに》らはたくさんの拍手《はくしゅ》でむかえられた。ロンドン大会のときとはまるでちがう光景だった。

2018年には、日本で「Tリーグ」が開幕した。「中国やドイツ、ロシアのように、日本にも卓球《たっきゅう》のプロリーグができれば日本の卓球《たっきゅう》はもっともっとレベルアップする」という、水谷《みずたに》たちの夢が実現したのだ。

これでもう、日本の有力選手たちが海外のリーグにわざわざ修行しにでることはない。それに、日本の卓球《たっきゅう》ファンや子どもたちは、国内で定期的にトップレベルの試合を楽しむことができる。その先にえがかれるのは、次つぎに才能ある子どもたちが育ち、日本の卓球《たっきゅう》が中国をぬいて世界一になるビッグな夢だ。

水谷隼

【参考文献】

『負ける人は無駄な練習をする――卓球王 勝者のメンタリティー』水谷隼（卓球王国）2016

『チームでつかんだ栄光のメダル――卓球 福原・石川・伊藤・水谷・丹羽・吉村』本郷陽二（汐文社）2017

「卓球・水谷隼 不正ラバーには絶対負けない～打倒中国へ国際大会復帰」（ゲンダイーSメディア）

「北京のブーイングは気にしない～卓球・水谷隼インタビュー」（スポーツコミュニケーションズ）

『GALAC2016年11月号』（KADOKAWA）2016

『卓球王 水谷隼の勝利の法則――試合で勝つための99の約束事』（卓球王国）2015

『卓球王国2018年5月号』（卓球王国）2018

『卓球王国2019年4月号』（卓球王国）2019

『心にのこるオリンピック・パラリンピックの読みもの 別巻 リオから東京へ、つながる夢』（学校図書）2017

第5章

若き開拓者、雪面を高く舞う

スノーボード

平野歩夢

2014年ソチ大会　スノーボード男子ハーフパイプ／銀
2018年平昌大会　スノーボード男子ハーフパイプ／銀

２０１４年。

ソチ冬季大会のスノーボードハーフパイプ種目。

日本に史上初となるメダルが同時に２つもたらされた。

記念すべき点はもうひとつ。

銀メダリストの年齢《ねんれい》がスノーボード競技史上最年少、そして日本の冬季メダリスト史上最年少の15歳《さい》と２か月であることだ。

彼《かれ》の名は、平野歩夢《ひらのあゆむ》。

18歳《さい》の銅メダリスト、平岡卓《ひらおかたく》と並んで写真におさまる笑顔は、快挙をなしとげた選手とは思えないほどにあどけない。

しかし、平野《ひらの》のパフォーマンスは、ベテランの強豪《きょうごう》選手たちをも圧倒《あっとう》するほど堂々としたものだった。

予選２位で決勝に進んだ平野《ひらの》は、ライバルたちが転倒覚悟《てんとうかくご》の大技勝負をかけて明暗を分けるなか、１本目のパフォーマンスを完ぺきに仕上げてトップに立った。

２本目では、スイスのポドラドチコフと平岡《ひらおか》に得点で上回られる。

だが、お返しとばかりに１本目では披露《ひろう》しなかった「キャブダブルコーク１０８０」をみごと成功させた。

まだ成功率の低かったこのトリックへの挑戦《ちょうせん》は、２本目のスタート地点に立ったときに決意したものだった。

小柄《こがら》な名選手の誕生に会場も日本も大さわぎになった。

だが、当の本人は淡々《たんたん》としたものだ。

マイクを向けられると、中学生の平《ひら》野《の》ははにかんだような笑顔で、

「楽しかった」

と小声で答えた。

あと一歩まで迫った金メダル

軽快な音楽に乗り、ボードをあやつる。U字型の雪面を高々と跳躍《ちょうやく》しながらトリックをくりだすスノーボードハーフパイプは、１９８０年代からアメリカを中心に発展してきたエクストリーム・スポーツの一種。

平《ひら》野《の》歩《あゆ》夢《む》は、オリンピックの正式競技にはじめてスノーボードが採用された、１９９８年に新潟県で生まれた。

サーファーだった父親が、同じ〝横乗り〟のスポーツであるスケートボードを広めようと地元につくったスケートパークで、彼《かれ》は兄について４歳《さい》からスケートボードをはじめ、さらにスノーボードにも親しむようになった。

そして、小学校低学年のころからスノーボード界で注目される存在となる。

おれはやれる

歩夢《あゆむ》がオリンピックを意識したのは２００６年、７歳《さい》のとき。

トリノ大会で金メダルをとった、のちにスノーボード界のレジェンドとよばれることになるショーン・ホワイト（アメリカ）を見てあこがれたのだ。

ホワイトは歩夢《あゆむ》と同じように、スケートボードとスノーボードの両方で才能を発揮する選手だった。

歩夢《あゆむ》は、ショーン・ホワイトのすべりに自分の目標を見出したのだった。

スノーボーダーの生活は、転戦につぐ転戦だ。

兄、歩夢《あゆむ》、弟の3兄弟を、父親は車に乗せて各地の大会に連れて行った。

小学校と競技を両立させる生活はとてもハードで、

「やめたいな」

と思うこともあった。しかし、これまで積み重ねてきたことをゼロにしてしまうことのほうが歩夢《あゆむ》はいやだった。


彼《かれ》をささえる家族にも、複雑な思いがあった。

スノーボードは、トリックに成功すれば最高にクールだ。

だが、もし失敗すれば氷の上にたたきつけられ、命にかかわるケガをすることもある危険なスポーツ。

大きな大会のたびに、両親は、

「どうか無事にすべってきてほしい。命だけはとらないで」

と願いながら息子の競技を見守った。

一度、歩夢《あゆむ》が試合で大クラッシュをし、しばらく動けなくなったことがあった。

それでも、周囲の心配をよそに歩夢《あゆむ》は、

「おれはやれる」

そう言い張り、戦いへもどった。

スノーボードにかける思いは、それほど強かった。

歩夢《あゆむ》は、小学４年生にしてアメリカのスノーボードメーカーとプロ契約《けいやく》をむすんだ。

そして、スノーボードの本場アメリカでも２０１１年、２０１２年のジュニア大会を連覇《れんぱ》する。

世界レベルで目立った実力を発揮するようになった。

そして、２０１４年、はじめてオリンピックの舞台《ぶたい》をふんだのだった。

スノーボードと日本選手

スノーボード文化が最初に花開いたのはアメリカだった。

しかし、国をまとめる組織的な協会として「スノーボード協会」が設立されたのは、実は１９８２年の日本が最初だ。

そう考えると、日本もアメリカも、スタートの時期に大きなちがいはないのかもしれない。

だが、もとからストリートスポーツでスケートボードなどが親しまれていたアメリカでは、スノーボード人口が一気に広がった。

そして、スノースポーツのさかんなヨーロッパの選手たちも、スノボ文化発展の一翼をになっていく。

オリンピックにスノーボードが初登場したのは、1998年長野冬季大会。

この大会では、メダルかくとく上位にスイス、ドイツ、フランスがならび、ヨーロッパ勢の強さを見せつけた。

7人の日本選手がスノーボードに出場したが、ハーフパイプにいどんだ6人はすべて予選落ちになってしまう。

大回転にいどんだ1人は15位。

日本選手が存在感をしめすことはできなかった。

2002年ソルトレークシティ冬季大会では、アメリカが活躍する。

一気にメダルかくとく国第1位におどり出て、ヨーロッパ諸国がつづいた。

日本からは9人のスノーボード選手が出場し、日本勢としてはじめて2人が入賞を果たした。

２００６年トリノ冬季大会では、日本選手１人が入賞。

２０１０年バンクーバー冬季大会には、金メダル候補とよばれた男子ハーフパイプの國母《こくぼ》和宏《かずひろ》をはじめ12人もの選手が出場した。

だが、國母《こくぼ》は8位入賞に終わり、ほかの選手も目立った結果を残すことができなかった。

その次の大会で、すい星のようにあらわれ、メダルにかがやいた少年がいた。

それが、平野歩夢だった。

自分でもやれる
自分ならできる

欧米《おうべい》の選手がほとんどをしめるスノーボード界。

数少ない日本選手は、他の選手と同じパフォーマンスでは正当な点数をもらえない。

平野《ひらの》はそれを若くして身にしみて感じていた。

「こいつはだれだ!?」

と思われるようなずばぬけたすべりをする。

だれもやったことのない技を成功させる。

そうすることで世界に認められ、後につづく日本の子どもたちに、

「自分もやれるんだ」

という勇気をあたえたい。

10代なかばにして、平野《ひらの》は日本のスノーボード界の未来を切り開くという大きな使命を自分にかしていた。

スノーボード界は、おそろしいほどのスピードで技の高度化が進む。

そこで勝つためには、より危険な技に挑戦《ちょうせん》しつづけなければならない。

スノーボーダーたちの戦いは、恐怖《きょうふ》との戦いでもあった。

挑戦《ちょうせん》せずに入賞しても意味がない

平野《ひらの》はソチ大会のあと、世界最大のスノーボード大会のひとつであるXゲームズで2016年に初優勝をかざり、数々の国際舞台《ぶたい》で結果をだしていく。

2017年のXゲームズでは、背中側からジャンプに入り縦に2回転、横に3回

転する超《ちょう》大技「バックサイドダブルコーク１２６０」にいどんで注目をあびた。

失敗してしまったが、平野《ひらの》に後悔《こうかい》はない。

「難易度をおさえたルーティーンで２位、３位をとっても、優勝できなければ得るものはない。

たとえ失敗して下位に落ちたとしても、優勝をみすえた難易度のトリックにいどむことがいい経験になる」

平野《ひらの》はすでにあこがれのショーン・ホワイトを十分におびやかす存在になっていた。

そんな平野《ひらの》を大きなアクシデントがおそう。

平昌《ピョンチャン》オリンピックを１年後にひかえた２０１７年３月のことだ。

全米オープンで、ニュートリック「フロントサイドダブルコーク１４４０」の世界初の成功に平野《ひらの》はいどんだ。

正面からジャンプに入り、縦に２回転、横に４回転する超《ちょう》難度の大技だ。

しかしジャンプの位置がずれ、着地するときにボードがコースの角に当たって全身をかたい雪面にたたきつけられた。

左ひざの靭帯《じんたい》と肝臓《かんぞう》の損傷。

肝臓《かんぞう》の損傷部分が髪《かみ》の毛２本ほどでもズレていたら命はなかったと医者が言うほどの大ケガだった。

全治２か月。

平野《ひらの》はあせりに耐《た》えながら、治療《ちりょう》とリハビリにはげんだ。

５月の終わり、まずは小学生用のゆるやかな芝の斜面《しゃめん》で練習を再開した。

体を左右にゆらすだけでひざの傷がひびく。

だが、平野《ひらの》はこのとき、ほかにも大きな敵と対面していた。

ケガをする前とはくらべものにならないほどの恐怖《きょうふ》が彼《かれ》をおそったのだ。

４回転技にいどむ勇気がわかない

すでに時間をロスしている。

そのぶん、短期間でパフォーマンスを元通り以上に仕上げる必要がある。

リスクをかけていいどんでいかなければならない。

なにより、オリンピックでは絶対に４回転をとばなければ金メダルにはとどかない。

だが、とぼうとする瞬間《しゅんかん》、平野《ひらの》の脳裏には3月のクラッシュの瞬間《しゅんかん》がよみがえった。

平野《ひらの》は、恐怖《きょうふ》と戦った。

ケガをしたことで得た、新たな進歩もあった。

それまではほとんど感覚だけで技をマスターしていたのが、ケガをしてからは動きの意味を細かく研究し、理解して実行できるようになったのだ。

また、この年の4月、平野《ひらの》は大学に進学していた。

大学に進まない選択肢《せんたくし》も十分にあった。

だが、スノーボード以外の競技や目標に取り組んでいる同年代の仲間と交流することで自分の世界を広げ、成長したいという思いがあった。

競技のためにキャンパスに通えないときも、電話やインターネットなどを使って大学の課題に取り組んだ。

8月、5か月ぶりに雪上練習をスタート。

体の感覚ももどり、調子は順調に上がっていったが、4回転技にいどむ勇気はなかなかわかなかった。

9月、大会シーズンがはじまった。

平野《ひらの》は、復帰戦となるワールドカップ初戦には3回転半までのルーティーンでのぞむつもりだった。

今できる最善をつくし、決勝1本目でトップに立つ。

だが、次のできごとが平野《ひらの》を想定外の行動へと導いた。

成長著しい15歳《さい》のチームメイト、戸塚優斗《とつかゆうと》が勢いのある3回転半ジャンプを派手に決めて、平野《ひらの》を上回ってきたのだ。

平野《ひらの》のなかでスイッチが入った。

攻《せ》める心が恐怖《きょうふ》心を超《こ》える瞬間《しゅんかん》

勝つには、4回転しかない。

それまで練習でも試せていなかった4回転を、決勝2本目で平野《ひらの》はくりだした。

着地時にしりもちをついてしまった。

だが、まちにまった、攻《せ》める心が恐怖《きょうふ》心を超《こ》える瞬間《しゅんかん》を、平野《ひらの》はむかえたのだった。

12月の第2戦。

アメリカのスノーボード代表選考会もかねたこの大会。

ショーン・ホワイトが参戦してきた。

ホワイトは3か月前に転倒《てんとう》で顔を62針もぬう大ケガを負っていた。

だが彼《かれ》は、世界に向けて、

「ぼくはすぐにもどる、さらに強くなって」

という力強いメッセージを発信していた。

その言葉どおり、ホワイトはダイナミックなすべりで3回転半を成功させ、高得点をだす。平野《ひらの》も負けじと4回転を成功させ、最終滑走《かっそう》では、世界でまだだれも成功させていない連続4回転に挑戦《ちょうせん》してみせた。

2回目の4回転でしりもちはついたが、ショーン・ホワイトを上回って優勝。

この結果は平野《ひらの》の大きな自信になった。

同時に、オリンピックでの金メダルに執念《しゅうねん》をもやすショーン・ホワイトに、「打《だ》倒《とう》・歩夢《あゆむ》」の闘志《とうし》をかきたてたのだった。

2月13日。

平昌《ピョンチャン》オリンピックのスノーボード競技がはじまった。

平野《ひらの》は高いジャンプを活かした構成で3位で翌日の決勝にこまをすすめた。

１位通過をはたしたのはショーン・ホワイト。

だが平野《ひらの》のほうは、この大会の直前に世界ではじめて成功させた「フロントサイドダブルコーク１４４０」から「キャブダブルコーク１４４０」という４回転の連続技を温存している。

決着をつけるのは、決勝だ。

平野《ひらの》の決勝１本目。

なめらかなドロップインから、最初の４回転が完ぺきに決まった。

だが、次のジャンプで少し外にふくらみ、しりもちをついてしまう。

２本目。

「フロントサイドダブルコーク１４４０」、つづけて「キャブダブルコーク１４４０」、「フロントサイド１２６０」、「バックサイド１２６０」。

４回転２つ、３回転半２つの４本の大技が、すべて決まった！

すべりながら片手でガッツポーズを見せる平野《ひらの》。

オリンピック出場選手ではじめての、４回転連続技の成功だ。

ボードを手でつかむグラブの位置やグラブ時間の長さ、踏切《ふみきり》のタイミングなどどれもがほれぼれするような出来。

得点は95・25。

これが決勝における平野《ひらの》の最高得点となった。

そしてこの得点は、決勝の終盤《しゅうばん》まで全選手の最高点でありつづけた。

レジェンドとのたたかい

ショーン・ホワイトはどうだったか。

１本目は94・25点。

２本目は４回転の連続技に成功するも着地に失敗し55・00点。

そしてのぞんだ、３本目のパフォーマンス。

「フロントサイド１４４０」、つづけて同じ技、小さなエアをはさんで3回転半の連続技、すべてを決めてフィニッシュ！

姿勢には多少の乱れも見られた。

だが、バランスをくずさずすべりきったのは、ショーン・ホワイトの金メダルへの執念《しゅうねん》にほかならなかった。

両手で大きなガッツポーズを連発するホワイト。

会場には、レジェンドのすべりをたたえるＵＳＡコールがうずまいている。

２人のすべりは甲乙《こうおつ》つけがたい。

平野《ひらの》か、ホワイトか……。

かたずをのむ会場に表示された得点は、97・75。

ショーン・ホワイトは手にしたボードを放り投げてとび上がったあと、雪面にひざをついて両手で顔をおおった。

ケガや年齢《ねんれい》との戦いにうち勝ち、ハーフパイプ史上に残る激戦を制した31歳《さい》のレジェンド。

うれし泣きの姿だった。

金メダルがその手からすりぬけた瞬間《しゅんかん》、平野《ひらの》は無表情でそっと雪面に座りこんだ。

そのあとはホワイトをたたえ、表彰台《ひょうしょうだい》でも笑顔を見せた。

平野《ひらの》の心の内は、もちろんくやしさ一色。

だが彼《かれ》が考えているのは、このくやしさを今後にどう生かし、強くなるかということだ。

チャレンジはだれでも、何歳《さい》からでもできる

２０１９年。

20歳《さい》になった平野歩夢《ひらのあゆむ》は今、新たな挑戦《ちょうせん》に身を投じている。

２０２０年東京オリンピックへの、スケートボードでの出場だ。

幼いころから親しんできたとはいえ、競技として取り組むのははじめて。

むぼうともいえる挑戦《ちょうせん》だが、これはスノーボーダーとしての自分の成長にもつながると平野《ひらの》は考えている。

彼《かれ》はこうも言う。

「どれだけたいへんなことであっても、チャレンジはだれでも何歳《さい》からでもできるということを、いろんな人に見せたい。

そしていろんな選択肢《せんたくし》があることを、子どもたちに提示してあげたい」

実際に東京オリンピックに出場できるかどうかはわからない。

でも、挑戦《ちょうせん》することそのものに大きな意味がある。

平野歩夢

ショーン・ホワイトにあこがれてオリンピックを目指した平野《ひらの》。

今、スノーボードを進化させて子供たちに夢をあたえるために、自分を厳しく律しながら道を切り開きつづけている。

【参考文献】
『ＳＷＩＴＣＨ６　ＶＯＬ．３７ ＮＯ．６ ＪＵＮ．２０１９ 平野歩夢　二十歳の地図』（スイッチ・パブリッシング）２０１９
「ＮＨＫアスリートの魂」（ＮＨＫＢＳ１）２０１８
『ソチオリンピック日本代表選手完全速報』（八重洲出版）２０１４
「Ｆｏｒｂｓ Ｊａｐａｎ 前代未聞の二刀流　平野歩夢が挑むアスリートの限界」
「平野歩夢インタビュー　あの頂点を目指して」（スノーボード・スノボメディアＳＢＮ ＦＲＥＥＲＵＮ）
「平野歩夢　究極の滑りを　悲願の金メダルへ〝２０時間後の決意〟」（ＴＨＥ ＡＮＳＷＥＲ）
「平野歩夢単独インタビュー　銀メダルを取ったいま、伝えたい気持ち」（スポーツナビ）
「平野歩夢〝横乗り業界〟に今まで以上の伝説を残したい」（エスクァイア・コム）

第6章

水中から、未来へ送るメッセージ

パラ水泳

成田真由美

１９９６年アトランタ大会　水泳女子／金２個、銅２個、銀１個
２０００年シドニー大会　水泳女子／金６個、銀１個
２００４年アテネ大会　水泳女子／金７個、銅１個

試練のすべてを背負って

日本に、世界でも類をみない驚異《きょうい》的なアスリートがいる。

１９９６年アトランタ大会から２００８年北京大会まで、４大会連続でパラリンピックに出場。

競泳で20個ものメダルをかくとくした選手だ。

しかも、その20個のうち15個は金メダル。

アテネ大会でかくとくしたメダル数８個は、日本選手としてはオリンピック・パラリンピック夏季大会を通じて１大会最多だ。

さらに、８年間のブランクののち46歳《さい》という年齢《ねんれい》で出場した２０１６年リオデジャネイロ大会で、なんと自己記録を更新《こうしん》して世界をおどろかせた。

ここまで読んだみなさんは、人並みはずれてめぐまれた体格と能力と幸運をもつ選手を想像しただろうか。

だが実際は少しちがう。

成田真由美

成田真由美《なりたまゆみ》は、おおくのひとびとが一生に一度も出会わないような大きな試練をいくつもうけ、そのすべてを背負って大きな快挙をなしとげた選手だ。

なやんでいる時間がもったいない！

小学生時代の成田真由美《なりたまゆみ》は、いつも外で男子に混ざって遊んでいるような、とにかく明るくて活発な女の子だ。

得意科目は体育で、陸上競技ではつねにリレーの選手。

野球でも男子顔負けのホームランバッターという万能ぶり。

でも、水泳だけは大の苦手で授業も全力でズル休み。

料理も得意だけれど、冒険《ぼうけん》心が暴走して、お弁当のおにぎりにイチゴやポテトサラダを入れてみては失敗する。

そんな、おもしろい少女だ。

陸上の選手として全国大会で活躍《かつやく》することを夢見ていた真由美《まゆみ》は、中学に入学するとさっそく陸上部に入部した。

しかし何日もたたないうちに、

「背が高いからバスケットボールをやらないか？」

とさそわれてあっさりとバスケットボール部に転部してしまう。

まわりはおどろいたが、真由美《まゆみ》の考えはこうだった。

「バスケでもたくさん走るし、ま、いっか」

陸上部の先生が、転部しても陸上の大会には出ていいと言ってくれたのも即決《そっけつ》の理由だった。

なにしろ真由美《まゆみ》は、いろいろなことがやりたいのだ。

なやんでいる時間はもったいない！

それが真由美《まゆみ》の性格だった。

しかし、期待に満ちあふれた中学生活は、入学後わずか２か月でかげりはじめる。

ひざがどんどん痛くなる

片方のひざが痛みはじめ、ひどくなって、階段の上り下りすら難しくなった。

成田真由美

これはただごとではないと、痛みの原因を調べるために入院して手術をしたが、原因不明のまま症状《しょうじょう》は悪化した。

中2になるころには痛みが両ひざに広がった。

もう学校どころではない。

さまざまな病院に入院しながら検査や手術をくり返した。

だが、何ひとつよくならなかった。

痛みに苦しめられつづける先の見えない毎日を、真由美《まゆみ》は最初、

「元気になって学校にもどる！」

と持ち前の前向きさでなんとか明るく乗りこえようとした。

だが長期入院がつづくなかで、彼女《かのじょ》の心はすさんでいった。

「何をしたって私はよくならないんだ」

点滴《てんてき》の針をかたっぱしからぬき、ガラスびんを割る。

他の子のおかしを横どりする。

壁《かべ》に油性ペンで看護師の悪口を落書きする。

だが、どんなわるさをしても、大人たちが彼女《かのじょ》をしかることはなかった。

そんな大人たちの様子も、

「やはりおまえは治らない」

と言われているようで、よけいに悲しくなるのだった。

ほんの少しの希望も、打ちくだかれた

中学生生活は、やりたいと思っていたことを何ひとつできずに終わった。

このころになると、病名が「横断性脊髄《せきずい》炎」であることがわかってきた。

ただ、原因や治療《ちりょう》法は不明のまま。

そして16歳《さい》のとき、ついに真由美《まゆみ》は両足すべての感覚をうしない、下半身まひとなった。

いつかは治って歩ける日が来るというほんの少しの希望も、打ちくだかれた。

だが、真由美《まゆみ》の人生はふたたび前に進みはじめる。

手わたされたものがある。

成田真由美

腕《うで》をきたえるための鉄アレイ。

残された機能を活用して社会復帰するために、リハビリがはじまったのだ。

最初はカラに閉じこもっていた真由美《まゆみ》だったが、いざはじめてみると夢中になった。

もともとスポーツ好きだ。

体を動かすことで気分がよくなり、考え方も前向きになっていった。

「みんなにずいぶんおくれをとってしまったけれど、今からでもいっしょうけんめい勉強すれば高校に行けるかもしれない」

目標が決まればあとは一直線。

家族にたのんで教材をそろえ、朝早くから深夜まで勉強した。

家族も病院も、真由美《まゆみ》に前向きさがもどったことを喜び、応援《おうえん》した。

そして、晴れて高校受験に成功し、同い年の友人たちから１年おくれて、車いすでの高校生活をスタートさせた。

ただ、そこからすべてが順調にはこんだわけではない。

入退院をくり返し、２か月間ものあいだ意識不明になるなど、病との壮絶《そうぜつ》な戦いはつづいた。

だが、そんななかでも真由美《まゆみ》は運転免許《めんきょ》をとり、大学にも進学し、前進しつづけた。

チェアスキーや車いすマラソンなど、障がい者スポーツの楽しみも味わえるようになっていった。

食べ物につられて水泳をはじめる

１９９４年、23歳《さい》になった真由美《まゆみ》は、通っていたトレーニングセンターで、
「水泳大会のリレーのメンバーが足りないから加わってほしい」
とたのまれた。
彼女《かのじょ》にとって水泳は大敵。
一度は断った。
でも、大会が仙台《せんだい》で開催《かいさい》されることを知って気が変わった。
「仙台《せんだい》といえば笹《ささ》かまぼこ……。
帰りには福島県で喜多方ラーメンも食べられるかな？
よし、行きます！」
食べ物につられたのだ。

成田真由美

小学生のとき以来12年ぶりに、プールの水に体をひたしてみた。

最初はこわかった。

だが、水の中でういてみた瞬間《しゅんかん》、大きなおどろきに包まれた。

陸上では言うことを聞かない重たい下半身も、水の中ではふんわり軽くなったのだ。

水をかいてみると、体がスッと前に進む。

水の中では、足の動かない不自由を感じないでいられる……。

「こんなに楽しいなら、もっと早く泳げばよかった！」

水の中でなら、健常者にも負けない。

体じゅうから、力がみなぎってきた。

「大会で絶対にメダルをとるぞ！」

やるとなったら無我夢中でうちこむ。

短期間の練習で自由形のタイムがみるみるのびる。

大会本番では、なんと個人25メートルと個人50メートルで大会新記録をだして優勝してしまった。

「人間、残された能力を発揮すれば、どんなことにだって挑戦《ちょうせん》できるんだ……！」

だがこの数時間後、真由美《まゆみ》は思いもよらない大事故にみまわれる。

またみんなと泳ぎたい

帰りの高速道路で後ろの車が追突《ついとつ》。

成田《なりた》は頸椎《けいつい》を損傷し、左手の指３本がまひするという新たな障がいを負ってしまったのだ。

両手を自由に動かせることが心のささえだった成田《なりた》がうけたショックは、はかりしれなかった。

失意にしずむ彼女《かのじょ》を元気づけたのは、大会でともに泳いだ仲間のはげましと、大会で泳ぐ自分のビデオ映像だった。

またみんなと泳ぎたい、その一心で5か月間の入院生活を乗りきった。

彼女《かのじょ》は新たな障がいにも負けず、泳ぎを研究し、国内の身体障がい者の水泳大会に次々と参加しては大会新記録を連発していった。

そんな彼女《かのじょ》に、

「アトランタでおこなわれるプレパラリンピックに出場しないか」

というさそいがかかった。

当時、パラリンピックの存在は日本ではあまり知られていなかったが、「海外旅行ができる」という理由で参加。

そして、出場した３種目すべてで世界新記録をだして優勝した。

１年後のパラリンピック本大会でも、世界のトップに立ちたい。

真由美《まゆみ》の闘志《とうし》が燃え上がった。

パラリンピック優勝に向けて、専門的な指導をしてくれるコーチ探しがはじまった。

障がいを理由にいくつものスイミングクラブに断られたすえにめぐり会ったのが、１９８４年ロサンゼルスオリンピックに出場した福元寿夫《ふくもととしお》だ。

福元《ふくもと》は障がいのある真由美《まゆみ》をどのように教えればよいかなやんだが、彼女《かのじょ》の真剣《しんけん》さにこたえてきびしく指導した結果、泳ぎはぐんぐん上達した。


だがアトランタ大会がせまった１９９６年の５月。

強いライバルの存在を知る。

ドイツのカイ・エスペンハインという２つ年上の選手が、真由美《まゆみ》の記録を十何秒も上回るタイムを出したというのだ。

メドレー、自由形、背泳ぎ、どの種目でも真由美《まゆみ》の記録はカイの記録に圧倒《あっとう》されていた。

「世界記録保持者だし、まあ金メダルはだいじょうぶだろう」

そんな自信は消し飛んだ。

カイに勝つために、両足にバケツをくくりつけて、水の抵抗《ていこう》を格段に大きくして泳ぐといったきびしい練習にとりくんだ。

また、事故で体温調節がきかなくなる障がいもおっていたため、練習中にはしばしばコーチが冷水を頭からあびせて体を冷やした。

そんな練習ぶりははたから見るととても過酷《かこく》で、

「かわいそうだからそんな練習はやめなさい」

とコーチにクレームが入ることもあった。

打倒《だとう》！　カイ・エスペンハイン

8月、アトランタ大会。

成田真由美

真由美《まゆみ》は個人メドレー、自由形3種目、平泳ぎ、背泳ぎの6種目で出場し、そのすべてでカイと対決した。

はじめて会ったカイは、想像とちがいとても体つきのきゃしゃな選手だったが、やはり強かった。

それでも真由美《まゆみ》は自由形2種目で金メダルをとることができ、ほかにも銀メダル2個、銅メダル1個をかくとくした。

カイの、2種目で自分を負かしたライバルに向ける視線は優しかった。

おたがいの健闘《けんとう》をたたえてだきあったときの温かさが、心にしみわたった。

言葉が通じなくても、心が通じあったことを感じていた。

4年後のシドニーでふたたびカイに会うのが楽しみになった。

シドニー大会までの間も、体のトラブルとの闘《たたか》いはつづいた。

ハードな練習にたえきれず両肩《かた》を故障。

子宮内筋腫《きんしゅ》という病気で手術をしたりと、たびたび練習を長期間中断せざるをえなかった。

だが、真由美《まゆみ》はそのつど乗りこえ、2000年夏、大会にのぞんだ。

シドニーで再会したカイは、４年前よりも少し小さくなったように見えた。
パラリンピックの選手は、だれもがどこかに障がいや病気をかかえている。
その中で自分にできるすべての努力をして、大会に出場してくるのだ。

カイの旅立ち

真由美《まゆみ》は今回、７種目にエントリー。
６つの金メダルとひとつの銀メダルを手にした。
５種目は世界新記録、１種目は大会新記録だった。
つねに真由美《まゆみ》の後ろを泳いでいたカイは、
「おめでとう、すばらしいタイムね」
と片言の英語で祝福してくれた。
プールの中でカイとだき合うと、涙《なみだ》があふれた。
アテネではもう、カイに会うことはできないかもしれない……。
カイはそれから２年後、34歳《さい》でその命を終えた。

成田真由美

真由美《まゆみ》はカイと手紙のやりとりをしていた。

カイの病が重くなったときには、自分も体調が悪化していて、ドイツに会いに行くことができなかった。

真由美《まゆみ》はカイのために千羽鶴《せんばづる》を折り、ドイツにおくった。

だが、千羽鶴《せんばづる》が届く1日前に、カイは旅立ってしまった。

2人が会ったのは、アトランタ大会のときと、シドニー大会のときだけ。

でも、遠い所にいても心がつながっていることを真由美《まゆみ》は感じていた。

おたがいの存在が目標だったからこそ、つらい練習にも取り組んでこられたのだった。

「アテネ大会に出よう。

きっとアテネに行きたくてしかたがなかったカイの心を、私がつれて行って、彼女《かのじょ》のぶんまで泳ごう」

このころ、真由美《まゆみ》は入院のために長い間水泳からはなれ、体重も入院生活と薬の副作用で20キロ以上増えてしまっていた。

プールにもどっても、もはや世界記録保持者の泳ぎとはほど遠かったが、それでもコーチとともに練習を重ね、少しずつタイムをもどしていった。

カイの心を連れて、アテネへ

２００４年夏。34歳《さい》の真由美《まゆみ》はカイの思いをかなえるため、自身の世界記録に挑戦《ちょうせん》しようと、アテネのプールにいどんだ。

かくとくしたのは７つの金メダル、ひとつの銅メダル。

そして、すべての個人種目で自身のもつ世界記録の更新《こうしん》。

翌年、真由美《まゆみ》はドイツの地をふんだ。

背泳ぎがもっとも得意だったカイの墓に、アテネ大会でとった背泳ぎの金メダルをささげるためだった。

カイの家族のいる家には、真由美《まゆみ》がおくった千羽鶴《せんばづる》がきれいにかざられていた。

真由美《まゆみ》は、その後も鍛錬《たんれん》をつづけて２００８年北京大会に出場した。

だが、大会の直前でひとつ障がいの軽いクラスに移され、足を使える選手たちと戦うことになってしまった。

これではメダルはむりだ。

成田《なりた》が4年後のロンドン大会にエントリーすることは、なかった。

心のバリアフリーを日本に

しかし、たとえ世界記録を取り消されても、真由美《まゆみ》のこれまでの水泳人生は、日本全国のひとびとに強いメッセージを届けていた。

障がいをおったひとのリハビリとしか認識されていなかった障がい者スポーツ。

これを、競技として広めて、おおくのひとびとがスポーツに挑戦《ちょうせん》するきっかけとなったこと。

また、ほとんど知られていなかったパラリンピックの存在を、その活躍《かつやく》でおおきく知らしめたこと……。

また真由美《まゆみ》は競技と同時進行で、障がいをもつひとびとが生活しやすい環境《かんきょう》をととのえる大切さを、全国各地で講演してうったえてきた。

パラリンピックでおとずれた海外には、車いすのひとびとが不自由なく暮らせるように施設《しせつ》面で工夫がなされているだけではなかった。

町ゆくひとびとが自然に障がい者に手を差しのべる〝心のバリアフリー〟があった。日本ではそんなバリアフリーがまだまだ進んでいないことを、身にしみて感じていたのだ。

真由美《まゆみ》の言葉はとくに、未来の社会をになう子どもたちに向けられている。

新しい目標

２０１６年に46歳《さい》でパラリンピックに復帰したのも、自分が泳ぐことで２０２０年東京パラリンピックを盛り上げ、全国のひとびとに目を向けてもらおうという決意のあらわれだ。

オリンピックと同様、パラリンピックでも、おおくのトップアスリートが自分の体をみごとに使いこなして最高の競技を披露《ひろう》してくれる。

そこにはオリンピックとはまたちがったおどろきと感動が満ちているはずだ。

成田真由美《なりたまゆみ》の人生が、それを物語っている。

【参考文献】
『夢への前進』成田真由美（講談社）2001
『あした光りのなかで　成田真由美という伝説』佐藤次郎（ホーム社）2006
『スポーツ歴史の検証』（笹川スポーツ財団）2014
「二宮清純の視点第1回　記録にも記憶にも残るスイマー」（挑戦者たち　CHALLENGERS.TV）
「クローズアップ　成田真由美　自分の可能性を求めて」（ひろげよう人権）
「東京五輪・パラまで2年　人も街も変わるチャンス　パラ競泳〝水の女王〟成田真由美さん」（THE SANKEI NEWS）

第7章

「聖火」を名に持つ、スケート・自転車の二刀流アスリート

スピードスケート・自転車

橋本聖子

１９９２年アルベールビル大会　スピードスケート女子　１５００ｍ／銅

１９９２年バルセロナ大会　自転車競技女子　３０００ｍ個人追い抜き／11位

冬季オリンピック・スピードスケート選手の橋本聖子《はしもとせいこ》は、自転車競技の日本代表として夏季大会にも出場をはたした。

冬季4回・夏季3回と、あわせて7回ものオリンピック出場。

これは、日本の女子でもっとも多い記録だ。

1964年東京大会の聖火にちなんで「聖子《せいこ》」と名づけられた橋本《はしもと》。

彼女《かのじょ》は、12年にわたってオリンピックで活躍《かつやく》したので「オリンピックの申し子」ともよばれる。

そんな橋本《はしもと》の本当のすごさは、肺活量不足などのハンディをのりこえ、努力しつづけた精神力にある。

橋本《はしもと》の父、聖火に感動する

橋本聖子《はしもとせいこ》は、1964年10月5日に生まれた。

その5日後の10月10日は、東京オリンピックの開会式だ。

日本だけではなく、世界じゅうの注目が集まっていた。

当日、橋本《はしもと》の父は、国立競技場の聖火台につづく階段のすぐそばにいた。

そこからは、最終ランナーが高々と聖火をかかげて聖火台に点火する姿が間近に見えた。

その様子に深く感動した父は、開会式が終わるとすぐ苫《とま》小牧《こまい》の病院に電話をかけて、入院していた母をよびだした。

興奮しながら、こう告げる。

「決めたぞ！

生まれた子の名前は聖子《せいこ》だ。

聖火の『聖』だ。

絶対にオリンピックの選手に育ててみせる！」

こうして名づけられた橋本聖子《はしもとせいこ》は、オリンピック選手になるべく父にきびしく育てられることとなる。

言葉を理解できるようになってきたころからは、

「おい聖子《せいこ》、おまえはな、大きくなったらオリンピック選手になるんだぞ」

と言い聞かせはじめた。

娘《むすめ》はよくわからないまま、そのたびにコクンとうなずくのだった。

橋本《はしもと》家は、北海道の広大な地で牧場を営んでいた。

庭に作られた大きな池には、冬になると氷がはる。

3歳《さい》の橋本《はしもと》は、父に買いあたえられたスケートぐつをはいて遊んだ。

転んで泣いても、父は決して助けてくれない。

そのうち転んでもすぐにパッと起きあがれるようになり、どんどん上手にすべれるようになっていった。

かっこよかった日の丸飛行隊

1972年。

地元の北海道で札幌《さっぽろ》オリンピックが開催《かいさい》された。

笠谷《かさや》幸生《ゆきお》、金野《こんの》昭次《あきつぐ》、青地《あおち》清二《せいじ》の3人がスキージャンプ70メートル級（現在のノーマルヒル）で金・銀・銅メダルをかくとくした。

表彰台《ひょうしょうだい》を独占《どくせん》した「日の丸飛行隊」の活躍《かつやく》をテレビで見た小学2年生の橋本《はしもと》は、

「自分もオリンピックに出場したい」と強く思った。

オリンピックの競技に自分が練習しているスケートがあることを知ると、

「スケートでオリンピックにでる」

と決意し、スポーツ少年団にも入って、本格的にスケートに取り組んだ。

小学3年生になった橋本《はしもと》は、最初の試練に見まわれる。

腎臓《じんぞう》病をわずらい、2か月間入院することになったのだ。

食べるものを制限されたため、楽しみなおやつも食べられない。

家族ともはなれ、つらい思いをした。

退院したものの、その後2年間にわたって運動することを禁じられた。

スポーツが得意で大好きだった橋本《はしもと》にとって何よりつらかった。

スケートができないどころか、体育の授業も見学するだけだ。

そんな娘《むすめ》の気持ちを思い、父は「オリンピック」の言葉を口にしなくなった。

中学1年になり、やっと医師から運動してもよいと許可がでると、橋本《はしもと》はスケートの練習を再開した。

今まですべることができなかったうっぷんを晴らすかのように、めきめきと実力をのばしていく。

中学３年のときに全日本ジュニア選手権女子５００メートルで史上最年少優勝をはたすと、高校２年では全日本選手権と全日本スプリント選手権を制した。

感情や体をコントロールする力

しかし、そんな橋本《はしもと》に二度目の試練がおとずれる。

高校３年のときに腎臓《じんぞう》病が再発し、ストレスによって呼吸筋不全症《しょう》という病気にもかかってしまったのだ。

呼吸筋不全症《しょう》とは、呼吸のときに使う筋肉がまったく動かなくなる病気で、肺に十分な酸素が取りこめないため、一時は命が危ない状態にまでおちいってしまった。

トップアスリートともなると、肺活量は６０００～８０００ミリリットルもあるというのに、このときの橋本《はしもと》の肺活量は、わずか８００ミリリットル。

一般《いっぱん》の成人女性どころか子どもよりも少ない量に落ちてしまったうえ、今度はＢ

型肝炎《かんえん》にもかかってしまった。

だが病気の体験は、逆に橋本《はしもと》を強くした。

腎臓《じんぞう》病によるきびしい食事制限のおかげで、アスリートにとって欠かせない節制を体験できた。

その後の選手生活においても、食事の自己管理が苦ではなくなったのだ。

また、体が自由に動かせないぶん、イメージトレーニングやマインドコントロールを訓練して身につけた。

アスリートにとって、試合をイメージしたり、自分の感情をうまくコントロールしたりすることはとても重要だ。

その病院では、日本ではまだ一般《いっぱん》的ではなかったこうした訓練を取りいれていたのだ。

いわば、世界の最先端《せんたん》のスポーツトレーニングをうけたことになる。

自分と向き合うトレーニングをつづけるうちに、病気を「治そう」とあせるのではなく、病気をうけいれて「つきあっていこう」と考えるようになった。

すると、しだいに病状が改善されていった。

ハンディがあるから、潜在《せんざい》力に気づける

そして、退院から約１年後の１９８４年。

19歳《さい》の橋本《はしもと》は、サラエボ冬季オリンピックに出場した。

病気をかかえても、あきらめずに努力を重ねて、ついに父と娘《むすめ》の夢をかなえたのだ。

開会式では、自分の名前の由来となった聖火をはじめて目のあたりにした。

その美しさに感動した。

この大会で橋本《はしもと》は、短距離《きょり》も長距離《きょり》もこなすオールラウンドスケーターとして、当時の女子のスピードスケート全４種目（５００・１０００・１５００・３０００メートル）に出場したが、いずれも入賞（8位以内）には届かなかった。

だが橋本《はしもと》の目標は、次のオリンピック、４年後のカルガリー大会に向いていた。

コーチは、５００メートルにしぼるスプリンターになることをすすめたが、橋本《はしもと》はどの距離《きょり》もこなすオールラウンドスケーターにこだわった。

１９８０年レークプラシッド大会で５種目すべてを制した「パーフェクト・ゴール

ドメダリスト」、アメリカのエリック・ハイデンにあこがれていたからだ。

橋本《はしもと》の、５種目で戦うための猛《もう》練習は、周囲が「トレ中（トレーニング中毒）」とよぶほど過酷《かこく》なものだった。

コーチが、練習のやりすぎをおさえるほどだった。

一時は８００ミリリットルに落ちこんでいた橋本《はしもと》の肺活量は、２４００ミリリットルにまで回復していたが、それでもトップアスリートの３分の１ほどしかない。

そのため、少ない酸素を体内に有効に取りこむための練習を重ねる必要があった。

マスクにラップをはさみ、呼吸が苦しい状態での高地トレーニングなど、練習方法に工夫を重ねて、己をきたえていった。

アスリートとして、体格や健康にめぐまれているとはとても言えない。

身長は１５６センチと小柄《こがら》なうえ、病気が再発するおそれもある。

だが橋本《はしもと》は、これらのハンディを前向きにとらえた。

「ハンディがあるから自分の潜在《せんざい》能力に気づき、それをのばすことができる」

かつて入院していたときに、障がいのある患者《かんじゃ》仲間から教わったことが、橋本《はしもと》の強さを引きだしていた。

スケートをしたくても病気のせいでできない時期があったために、練習の苦しさよりも、スケートができる喜びや感謝の思いのほうがまさった。

そして、「勝ちたい」という強い意志が原動力となった。

「ささえてくれる人やまってくれる人がいるかぎり、メダルをとるまでは絶対にやめられない、約束をはたせるまでスケートをやめない」

橋本《はしもと》の決意は、かたかった。

体の弱さは、橋本《はしもと》の精神力をいっそう強くしたのだ。

魂《たましい》のこもったスケート

二度目のオリンピックとなった、１９８８年カルガリー大会。

橋本《はしもと》はスピードスケート女子全５種目に出場し、すべての種目で日本記録を更新《こうしん》し、入賞をはたした（５００メートル・５位、１０００メートル・５位、１５００メートル・６位、３０００メートル・７位、５０００メートル・６位）。

４年に一度のオリンピックで最高の力を発揮するのはとても難しい。

だが橋本《はしもと》は、５種目すべてで自己ベストを更新《こうしん》し、しかも５つの日本新記録を打ち立てたのだ。

それも簡単なものではなかった。

３０００メートルでは、同走の選手と接触《せっしょく》するアクシデントがあった。

最後の種目の５０００メートルでは、レース終盤《しゅうばん》に苦しい表情でけんめいにすべりつづけ、最後は完全に力を使いはたし転倒《てんとう》してのゴールとなり、酸欠に近い状態でリンクにたおれこんでしまった。

魂《たましい》のこもったスケートを見せ、「５種目すべて日本新記録で入賞」という快挙をなしとげた橋本《はしもと》は、もう次のオリンピックへの意欲がわいていた。

そして、日本じゅうをおどろかせる宣言をすることになる。

カルガリー大会の半年後。

夏のオリンピック、ソウル大会が開催《かいさい》される。

橋本《はしもと》は、

「自転車競技で、ソウル大会の出場をめざす」

と宣言したのだ。

アイスリンクで氷を蹴《け》るスピードスケートと、舗装《ほそう》されたバンク（競技場の走路）でペダルをこぐ自転車競技。

コースや使う道具はまったく異なる。

だが、この2つの競技には共通点がある。

空気の抵抗《ていこう》をへらすため、体を大きく前にかたむける姿勢、そして使う足の筋肉が共通しているのだ。

だからおおくのスケート選手が夏には自転車を使ったトレーニングをおこなうし、海外には冬にスケート、夏に自転車でオリンピックに出場する選手がいた。

しかし日本ではこれまで例がなかったため、大きく取りあげられたのだ。

橋本《はしもと》は記者会見で、

「夏のオリンピックから、冬のスケートを見つめなおすため、自転車をやりたいんです」

と語った。

だが、

「橋本《はしもと》は何回オリンピックに出れば気がすむのか」

「自転車競技の世界を甘《あま》く見ているのか」

といったバッシングもあった。

それでも、自分の挑戦《ちょうせん》を理解し、応援《おうえん》してくれる人たちはいる。

なにより、「どんなに批判されても、自分の信念にしたがって新しい道を切り開きたい」という強い思いがあった。

日本女子としてはじめて冬季オリンピックのメダル

6月。

ソウル大会日本代表選手選考会をかねた、全日本アマチュア自転車競技選手権大会がおこなわれる。

カルガリー大会から3か月ほどのわずかな期間しかなかったが、連戦と長旅でつかれた体で、自転車競技の練習に必死に取り組んだ。

自転車に挑戦《ちょうせん》した以上、世界で通用するサイクルレーサーでなくてはいけない。

そして、前年度の女子スプリントチャンピオンとの熱戦を制し、優勝をはたす。

こうして日本人として史上はじめて冬・夏両方のオリンピックに出場した橋本《はしもと》は、

ソウル大会から女子の正式種目となった自転車競技のスプリントに参戦するも、世界の壁《かべ》は厚く、予選敗退となった。

とはいえ、スピードスケートと自転車競技の二刀流に挑戦《ちょうせん》し、実現させたトップアスリートとしての功績《こうせき》は大きい。

それから４年後、三度目の冬季大会となった、１９９２年アルベールビル大会。

橋本《はしもと》は今回も女子スピードスケート全５種目に出場した。

１５００メートルでは積極的に飛ばしつづけ、屋外リンク自己記録の２分６秒88をマーク。

結果３位となり、銅メダルをかくとくした。ついに、念願のメダルに手が届いたのだ。日本女子としてははじめての冬季オリンピックのメダルという快挙でもあった。

くじけぬ心で挑戦《ちょうせん》しつづける

その後も橋本《はしもと》の挑戦《ちょうせん》はつづいた。１９９２年バルセロナ大会。

ふたたび自転車競技に出場し、３０００メートル個人追いぬきで11位と健闘《けんとう》した。

第７章 「聖火」を名に持つ、スケート・自転車の二刀流アスリート

橋本聖子

１９９４年リレハンメル冬季大会では日本選手団の主将をつとめ、５００メートルをのぞく４種目に出場した。

３０００メートルでは、レースが６００メートルほど進んだところで、当時の世界記録保持者・ドイツのグンダ・ニーマンの転倒《てんとう》にまきこまれて転んでしまう。

フェンスにたたきつけられた橋本《はしもと》。

左ひじと左脇腹《わきばら》に打撲《だぼく》傷を負ってしまった。

約１時間後の再レース。

万全のコンディションではなかったものの、アクシデントをのりきった。

日本新記録で６位入賞をはたす。

さらに１９９６年アトランタ大会。

自転車競技女子２万４０００メートルポイントレースで９位になった。

これは、自己最高の順位の記録になった。

12年の間に、冬季４回・夏季３回と、あわせて７回もオリンピックに出場し、「オリンピックの申し子」とよばれた橋本聖子《はしもとせいこ》。

彼女《かのじょ》自身も、

「父が『聖子《せいこ》』と名づけてくれたことに導かれて、私は人生の大きな目標を得ることができたのです」

と、著書に記している。

「努力に勝る天才なし」

父の口ぐせで、橋本《はしもと》がもっとも大切にしている言葉だ。

この言葉をささえに努力と工夫でハンディをのりこえ、苦しい練習にたえてきた。

可能性を信じて、あきらめないで

大切なのは、たゆまぬ努力だ。

たとえ目標を達成できなかったとしても、せいいっぱい努力したなら後悔《こうかい》はない。

そして、さらに努力を重ねて成長することが、次の喜びにつながるのだ。

橋本《はしもと》は現役を引退した後、日本スケート連盟会長、日本オリンピック委員会（ＪＯＣ）理事（副会長）などをつとめ、後進の指導にあたっている。

自分の可能性を信じて、あきらめないこと。

何より、努力しつづけること。

おおくのアスリートたちが、橋本《はしもと》からおおくのものを学んでいる。

【参考文献】

『Both way Athlete 橋本聖子』木村幸治（文藝春秋）1988

『オリンピック魂　人間力を高める』橋本聖子（共同通信社）2013

『心にのこるオリンピック・パラリンピックの読みもの　1』（学校図書）2016

第8章

日本のカヌー界の未来を切りひらいた武者修行

カヌー

羽根田卓也

２００８年北京大会　カヌー・スラローム　男子カナディアンシングル／14位
２０１２年ロンドン大会　カヌー・スラローム　男子カナディアンシングル／7位
２０１６年リオデジャネイロ大会　カヌー・スラローム　男子カナディアンシングル／銅

日本人のみならずアジア初の快挙

カヌーは、日本ではあまり関心が高いとは言えない競技だ。

競技人口も少なく、テレビで放送されることもほとんどない。

このマイナーなスポーツで、日本のみならずアジア初の快挙をなしとげた日本人選手がいる。２０１６年リオデジャネイロ大会、カヌーのスラローム男子カナディアンシングルで銅メダルをかくとくした、羽根田《はねだ》卓也《たくや》だ。

高校卒業後の２００６年から、カヌーの本場・強豪《きょうごう》国のスロバキアにたった１人でわたり、10年におよぶ武者修行を積んだ羽根田《はねだ》は、三度目のオリンピック挑戦《ちょうせん》で、ようやく念願のメダルにたどりついたのだ。

日本のマイナー競技に光を当て、カヌー界に新たな歴史を刻んだことで、一躍《いちやく》注目される存在となった羽根田《はねだ》。

おおくの日本人がカヌーに興味を持つ大きなきっかけともなった。

競技の第１人者として、２０２０年東京大会でのさらなる活躍《かつやく》が期待されている。

カヌーはタイムとポイントを競う

カヌー・スラロームは、はげしい流れのあるコースをカヌーで下りながら、ゲートを番号順に通過してタイムと技術を競う競技だ。

全長約２００メートルのコースは流れが入り組んで変化に富み、人が立っていられないほどの急流だ。

２本のポールをぶらさげた、約20個のゲートにふれないように通過しながら、上流から下流へと下っていく。

ゲートのうち6～7個ほどは、流れに逆らい、上流に向かって通過しなくてはならないアップストリームゲートだ。

ポールにふれたり、ゲートを通過できなかったりすると、それぞれペナルティがタイムに加算されていく。

タイムとペナルティの加点の合計ポイントが少ない選手が上位となる。

水の流れをみきわめて、自由自在にカヌーを操る。

高いテクニックと、勢いのある水流に負けない強力なパワーが求められる。

ワイルドなスポーツなのだ。

カナディアンでは、ブレード（水かき）が片側だけについているパドル（櫂《かい》）を使う。

１人乗りのカヌーでおこなうのが、シングルだ。

これまでの努力
張りつめていた気持ち

カヌー・スラローム男子カナディアンシングル決勝がおこなわれたのは、リオデジャネイロ大会5日目のこと。

約２５０メートルのコースに24のゲートが設けられ、タイムが競われた。

決勝に残ったのは10人。

だれがメダルを取ってもおかしくない、実力を持つ選手たちだ。

わずかなミスが、メダルの色や順位を分けることになる。

予選を5位、準決勝を6位で通過した羽根田《はねだ》が、５番手としてスタートを切った。

「何がなんでも、自分の１００％をだす！」

力強くこぎだされた、あざやかなブルーのカヌー。

序盤《じょばん》からうまくスピードにのり、水しぶきをあげながら激流を下っていく。

パドルをたくみにさばきながら、タイムを縮めるためにゲートぎりぎりを攻《せ》めつづける。

終盤《しゅうばん》は少し体勢をくずしながらも、持ち前のバランス感覚で立て直した。

減点となるゲートへの接触《せっしょく》は一度もなし。

安定した内容でミスなく乗りきり、97・44点。

準決勝で自分より上位に入った5人の選手たちのスタートを前に、トップに立っておきたかったところだが、この時点で2位。

メダルは遠のいたかに見えた。

もはや、残りの選手たちのレース結果を、祈《いの》りながらまつしかない。

つづく選手たちは、次々にゲートに接触《せっしょく》するミスをした。

ペナルティが課されてスコアが落ちる。

しかし、8番手のフランスの選手にぬかれてしまう。

そして、最終順位は……3位!

羽根田《はねだ》の銅メダルが決まった。

オリンピックのカヌー競技で日本史上初、スラロームではアジア初となる、メダルかくとく——。

その歴史的な快挙の瞬間《しゅんかん》。

感極まった羽根田《はねだ》は、カヌーに乗ったまま、こらえきれずに声をあげて泣いた。

今までの努力や、張りつめていた気持ちが、胸の奥《おく》から一気にこみあげてきたのだ。

右手にパドルをにぎったまま、左の手のひらで口元をおおう。

スロバキア人のコーチ、そして顔なじみのライバル選手たちが次々と羽根田《はねだ》に近づき、頭をなで、肩《かた》をたたいて「おめでとう」と祝福の声をかけた。

みな、羽根田《はねだ》の10年におよぶスロバキアでの努力や、けっしてカヌーがさかんとは言えない日本の選手がメダルをかくとくした重みや価値をわかってくれている。

試合後に、羽根田《はねだ》は語った。

「カヌーをはじめたときから世界一を夢にやってきて、じょじょに近くなっていくことが実感できた。

メダルが決まって、泣けてしまった。めったに泣くことはないけれど」

表彰《ひょうしょう》式で、「タクヤ・ハネダ」の名前が会場にひびきわたる。

日本の応援《おうえん》席から大歓声《かんせい》があがった。

そのなかには、父・邦彦《くにひこ》の姿もあった。南国の太陽に照らされた羽根田《はねだ》も、かがやく笑顔で両手を大きくつきあげる。

「ささえてきてくれた人たちの努力があってのぼくなので、みんなの気持ちにこたえることができて本当にうれしいです」

日本の選手としてはじめてメダルをかくとくしたことについては、

「メダルは夢で、日本人がこの競技でメダルをかくとくすることは、本当にすごいことだと思う」

とコメントし、これまでささえつづけてくれた人たちへの感謝の言葉を述べた。

父に「メダルを必ず首にかけます」と約束してから10年。

やっと夢をかなえた羽根田《はねだ》が、約束どおり父に銅メダルをかけたのは、日本へ帰国してからのことだった。

ヨーロッパに行かせてほしい
メダルを必ず首にかけます

愛知県豊田市出身の羽根田《はねだ》は、３人兄弟の次男だ。

スポーツ一家に育ち、7歳《さい》からは器械体操に取り組むと、かつてカヌー選手だった父の影響《えいきょう》で、小学3年生・9歳《さい》のときからカヌー・スラロームをはじめた。

だが、最初からカヌーに熱中したわけではなかった。

自然の川の急流をこぎ進むのはこわいし、冬は水が冷たくて練習したくない。

「アイスを買ってあげるから」などと、父の甘《あま》い言葉やごほうびにつられて、なんとかつづけていたようなものだった。

カヌーなんてやめたい——そう思っていた羽根田《はねだ》の気持ちが変わったのは、中学3年生のときだった。

国内では強く、世界大会に出場するほどの実力をつけていた羽根田《はねだ》は、ポーランドでおこなわれたジュニアの国際大会に出場したものの、42位に終わる。

海外の選手たちの強さは圧倒《あっとう》的だった。

まるで別次元のような世界のレベルの高さを思い知り、衝撃《しょうげき》をうけた。

真剣《しんけん》に練習に取り組む決意をした。

カヌーの強い高校に進学して練習にはげみ、はやくも高校3年でシニアの日本選手権を制して日本一になったものの、

「これじゃあ、勝てない。このまま日本で練習をつづけても、うもれるだけだ」

という思いは高まるばかりだった。

「世界で活躍《かつやく》したい、日本のレベルじゃ満足できない」

という気持ちで練習にはげんでいた羽根田《はねだ》が海外留学を決意したのは自然な流れで、当然の選択《せんたく》だった。

カヌーが盛んなのは、ヨーロッパだ。

練習環境《かんきょう》も、日本とはまったくちがう。

当時の日本には、本格的な人工のスラロームコースなどどこにもない。

環境《かんきょう》の整ったヨーロッパに何回も行ったことがあった彼《かれ》に、迷いはなかった。

遠征《えんせい》先から、父に手紙を書いた。

「卒業したら、ヨーロッパに行かせてほしい。メダルを必ず首にかけます」

父の経済的な援助《えんじょ》や、家族をはじめまわりの応援《おうえん》もあり、高校を卒業してすぐ、カヌーの強豪《きょうごう》国・スロバキアへ１人でわたった。

スロバキアはカヌー先進国で、ヨーロッパじゅうからおおくの選手が集まっている。

カヌー界の英雄《えいゆう》とよばれるあこがれの選手、ミハル・マルティカンの出身国だ。

人口２００万人ほどの小さな国には、日本人などほとんどいない。

羽根田《はねだ》はものめずらしい存在だ。だが、あえてだれもたよれないきびしい環境《かんきょう》にとびこんで練習をつづけることが、18歳《さい》の羽根田《はねだ》を大きく成長させていく。

現地の言葉を必死におぼえ、クラブチームで修行。

まさにカヌーづけの生活を送りつづけた。

世界レベルで活躍《かつやく》することを目標にしていた羽根田《はねだ》は、カヌーの本場での武者修行で世界のトップとわたりあえる技術をみがき、18歳《さい》でワールドカップのスラローム男子カナディアンシングルで日本人初となる決勝進出をはたす。

そしてめざすは最高の舞台《ぶたい》、オリンピックだ。

やってやれないことはない

だが、オリンピック初出場となった北京大会では、予選14位にしずんだ。

21歳《さい》の羽根田《はねだ》は、こうふりかえる。

「そのときは、自分の実力もオリンピックにでて成績を残せるというレベルじゃなくて、でることが一番の目標だった。案の定、でただけで終わってしまった」

羽根田卓也

この年、羽根田《はねだ》はまた新しい挑戦《ちょうせん》をする。カヌーの名門・スロバキアのコメニウス大学体育学部に入学し、勉強とトレーニングを両立させる生活をはじめたのだ。

「何ごとも、やってやれないことはない。

スロバキアにわたってそれが一番感じたこと。競技にしても、言葉にしても、現地の大学の勉強にしても、やると決めたことはできる」

つづくロンドン大会は、出場することはもう当然で、メダルに限りなく近い順位は残さないといけないと決心してのぞんだ。

決勝の八人には残ったが、決勝ではミスがひびいて最終順位は7位。

それでもカヌー競技で日本人初の入賞をはたし、着実なステップアップをとげた。

こうして二度もオリンピックに出場し、結果をのこしてきた羽根田《はねだ》だったが、これから先も競技をつづけられるかどうかのピンチに直面した。

活動を支援《しえん》してくれるスポンサー企業《きぎょう》が見つからなかったからだ。

カヌーの大会は賞金もないのに、遠征《えんせい》が増えるといろいろな国へ行くお金がかかる。

メジャーな競技はトップになればなるほどめぐまれるのに、逆にマイナーな競技はトップになるほど負担が増え、お金が減っていくことになってしまう。

カヌーやパドルの購入《こうにゅう》も自費だ。

いつまでも父の援助《えんじょ》にたよるわけにはいかない。

でも仕事でトレーニングの時間がけずられると、思うような練習ができない。

ヨーロッパの強豪《きょうごう》選手と勝負することがますますきびしくなる。

ヨーロッパだと基本的に国が支援《しえん》しているケースがおおく、練習できる時間も多いのに……羽根田《はねだ》は思った。

「一応、オリンピックに二度出て、ロンドンでは入賞もした。でも日本は、その競技がつづけられなくなる国なんだ。あぁ、日本では胸を張って『スポーツ選手です』と言えないのかな」

差しのべられた救いの手

そんななか、スポーツ支援《しえん》を積極的におこなっている企業《きぎょう》のひとつ、ミキハウスが救いの手を差しのべた。バックアップで再びカヌーだけに集中できる環境《かんきょう》が整った。

２０１４年の世界選手権では５位。同年のアジア大会では金メダルをかくとくするなど、羽根田《はねだ》は世界を舞台《ぶたい》に大きく飛躍《ひやく》していく。

２０１５年の五輪テスト大会では銀メダル。

オリンピック本番直前の２０１６年６月にフランスでおこなわれたワールドカップでは日本人初の３位の成績をおさめるなど、好調をキープしていた。


そしてむかえたリオ大会。

日本選手権７連覇《れんぱ》中の羽根田《はねだ》にとって、もはやオリンピックにでることは当たり前で、今度こそメダルをとるという強い意識で、自信をもってのぞんだのだった。

「夢でしたからね、カヌー選手が有名になるってことが。そのためには、オリンピックでメダルしかないとわかっていた」

そして、みごと銅メダルをかくとくした羽根田《はねだ》は、ようやく夢をかなえたのだった。

２０２０年東京大会でも、さらなる活躍《かつやく》が期待されている羽根田《はねだ》は、

「現役中にオリンピックが自国で開催《かいさい》されるのは、本当に選手にとって幸せ。自国のオリンピックは一生に一度のすごい確率。それにめぐりあえたのは幸せ。それに、さらにプレッシャーをかけてもらえるのは、選手冥利《みょうり》につきる。前回（メダルかくとく）を下回ることは許されないと思っています」

どんなスポーツでもはじめやすくなったら

東京大会の会場は、東京都江戸川《えどがわ》区に新設された、国内初の人工スラローム競技コース「カヌー・スラロームセンター」だ。

２０１９年７月に完成したばかりの競技コース。

そこで試技を披露《ひろう》した羽根田《はねだ》は、「リオのコースに似ている。世界一のコースができた」と喜んだ。

リオ大会のような、流れがゆるやかで複雑なコースでは、体力よりも細かい技術力が武器になる。それは、羽根田《はねだ》が得意とするものだ。

そんな羽根田《はねだ》には、理想がある。

「ぼくの夢というか理想は、子どもが競技にかかわらず何かをはじめたいと言いはじめたときに、親が困らなくてもいいように国の環境《かんきょう》が整ったら本当にいいなと思う。カヌーみたいなマイナー競技、ぼくらみたいな状況《じょうきょう》の競技はたくさんあるので、少しでも子どもがスポーツをはじめやすいようになったらなと、いつも思う」

羽根田《はねだ》自身がつかみとった、カヌー競技での銅メダル。これは、日本人の意識を変えるきっかけになったと言えるだろう。マイナーと言われる競技に光をあて、おおくのひとびとに興味を持たせた羽根田《はねだ》の功績《こうせき》は、とても大きいものだ。

カヌー人生の集大成をかける四度目のオリンピックへ向けて――。

連続メダルかくとくをめざし、第２の故郷となったスロバキアで、羽根田《はねだ》は現在もパドルをこぎつづけている。

【参考文献】
『リオデジャネイロオリンピック２０１６　報道写真集』（共同通信社）２０１６
『リオデジャネイロオリンピック日本選手団　日本オリンピック委員会 公式写真集２０１６』（アフロ〔監修／日本オリンピック委員会〕）２０１６
『心にのこるオリンピック・パラリンピックの読みもの　別巻』（学校図書）２０１７

第9章

どんな苦しい練習にも耐えてきたじゃないか

競泳

前畑秀子

１９３２年ロサンゼルス大会　競泳女子２００ｍ平泳ぎ／銀
１９３６年ベルリン大会　競泳女子２００ｍ平泳ぎ／金

「前畑《まえはた》！　前畑《まえはた》がんばれ！

がんばれ！　がんばれ！

ゲネンゲルも出てきました。ゲネンゲルも出ております。

がんばれ！　がんばれ！（中略）がんばれ！　がんばれ！

前畑《まえはた》、前畑《まえはた》リード！　前畑《まえはた》リード！

前畑《まえはた》リードしております。前畑《まえはた》リード！

前畑《まえはた》がんばれ！　前畑《まえはた》がんばれ！

リード、リード、あと5メーター、あと5メーター、あと5メーター、5メーター、5メーター。

あっ、前畑《まえはた》リード、勝った！

勝った！　勝った！　勝った！

前畑《まえはた》勝った！　勝った！　勝った！　勝った！

前畑《まえはた》勝った！　前畑《まえはた》勝った！　前畑《まえはた》勝った！

前畑《まえはた》勝ちました！

前畑《まえはた》勝ちました！　前畑《まえはた》勝ちました！

前畑《まえはた》の優勝です、前畑《まえはた》の優勝です！」

前畑秀子

伝説となった実況《じっきょう》放送

これは１９３６年ベルリンオリンピック水泳女子２００メートル平泳ぎを実況《じっきょう》放送したときの、ＮＨＫアナウンサーの声だ。

泳ぐ選手のようす、他の選手との距離《きょり》、はなしているのか、おいつかれようとしているのか、レースの全体がよくわからない。

これならだれでも実況《じっきょう》放送ができるのではないかと思うほど、しろうとっぽいアナウンスである。

だが、これは「日本スポーツ界の歴史に残るラジオ実況《じっきょう》」といわれている。

それほど前畑秀子《まえはたひでこ》は日本を感動させた。

プロで一流のアナウンサーが、

「がんばれ」「前畑《まえはた》リード」「５メーター」「勝った、勝ちました」

しか言えなくなってしまうほどの興奮《こうふん》をあたえてくれた前畑《まえはた》。

日本女子初のオリンピック金メダリストである。

おかしいな？　タイムがよすぎる

前畑秀子《まえはたひでこ》は和歌山県に生まれた。

幼いころは体が弱かった秀子《ひでこ》。

彼女《かのじょ》をじょうぶな体にしたのが、家の近くを流れていた紀ノ川だった。

３～４歳《さい》のころから、両親は娘《むすめ》の体を強くしようと、かわるがわるおぶって川へ泳ぎに行った。

そのうちに本人も川に入ることが大好きになっていった。

小学校に入学した秀子《ひでこ》は、年上の男の子たちに負けないくらい、泳ぎがうまくなっていた。

好きだったのは平泳ぎだ。

この時代にはやりだしたクロールは、速いけれどバシャバシャと水がはねるあらっぽい泳ぎ。

それにくらべて、平泳ぎは女性らしく優雅な泳ぎに思えたからだ。

前畑秀子

秀子《ひでこ》が５年生になったある日、学校の先生が選手のタイムを計ることになった。

ところが記録をとっていた先生が、秀子《ひでこ》の計測を終えたあとで何度も首をひねっていた。

「おかしいな、少しタイムがよすぎる。

時計がこわれたかな？

それとも私が失敗したのかな？」

そこで、もう一度泳ぐことになった。

泳ぎおえた秀子《ひでこ》が先生を見ると、先生がとび上がって大さわぎしているのが見えた。

「まちがいじゃなかったんだ！　これはすごいことだ。

前畑《まえはた》、おまえは小学生の新記録を出したんだよ！」

さらに６年生になったとき、秀子《ひでこ》は１００メートル平泳ぎで、女子の日本新記録を出した。

小学生だけなく、大人の選手もふくめての日本新記録である。

大会のたびに日本記録をぬりかえていた秀子《ひでこ》。

しかし、16歳《さい》になったとき、たてつづけに悲劇がおそった。

まず、実家に住む母親がとつぜん亡くなった。

さらにその5か月後、もともと体の弱かった父親も亡くなってしまう。

秀子《ひでこ》の家は貧しかった。

小さな豆腐《とうふ》屋で、両親とともに秀子《ひでこ》も仕事をてつだわないと生活は成り立たなかった。

その両親をいっぺんに失ってしまった。

もう、水泳はむりだ……。

秀子《ひでこ》は泣きながら、水泳も女学校もやめることを決意した。

応援《おうえん》をうけて、けんめいに練習

しかし、それを知ったおおくのひとびとからいっせいに声があがった。

「前畑《まえはた》さんのために寄付をつのろう」

みんな、秀子《ひでこ》が水泳をつづけられるように、そして遠征《えんせい》のための費用をつくるために、募金《ぼきん》をはじめた。

前畑秀子

秀子《ひでこ》はそんなひとびとの熱意と助けによって、ふたたび水泳の世界にもどることができたのだ。

それは１９３２年ロサンゼルス大会の前年のことだった。

半年以上まったくトレーニングをしていなかったため、泳ぎの力強さもスピードも、ずいぶんと落ちていた。

だが、応援《おうえん》してくれるひとびとの顔を思いうかべながら、けんめいに練習した。

そしてついに、３年前に自分が出した日本記録に並ぶことができ、オリンピック出場を決めたのである。

１９３２年８月、ロサンゼルスオリンピック女子２００メートル平泳ぎ決勝。

秀子《ひでこ》をふくむ３人の選手が、ほぼ横一線でゴールした。

秀子《ひでこ》のタイムは、自分の日本記録をなんと６秒も縮める３分６秒４。

そして順位は、１位の選手とわずか10分の１秒差の２位であった。

おしい銀メダルとなったが、秀子《ひでこ》は全力を出しつくせたこと、そしてメダルを手にした喜びでいっぱいだった。

晴れ晴れとした気持ちで帰国した前畑秀子《まえはたひでこ》。

これまでに応援《おうえん》してくれたひとびとが大喜びで出むかえてくれた。

そのとき、どこからか、

「前畑《まえはた》さーん、前畑《まえはた》さんはどこにいるんだ？」

という声が聞こえてきた。

立派な紳士《しんし》が、前畑《まえはた》をさがしていたのだ。

「はい、前畑《まえはた》でございますが」

その人は、穴のあくような目で前畑《まえはた》の顔を見ながら言った。

「あなたが前畑《まえはた》さんか」

前畑《まえはた》が手にした銀メダルを見て、その人がお祝いの言葉をかけてくれるのだろうと思った。

ところが相手は銀メダルには目もくれずに、前畑《まえはた》の顔を見つめている。


なぜ1着になれなかったんだね？

「あなたはなぜ、金メダルをとってこなかったのかね？」

前畑《まえはた》はおどろいて返事もできなかった。

「あなたは、たった10分の１秒の差で、２着になってしまったんだ。なぜ１着になれなかったんだね」

おこっているような声だった。

「あなたは日本記録を６秒も縮めたと言いたいんだろう。でもそれなら、なぜもう10分の１秒縮めて、金メダルをとってくれなかったのかね。私はそれがくやしくて、くやしくて、たまらないんだよ」

もう声も出なかった。

泣きたかった。

「いいか、前畑《まえはた》さん、このくやしさを忘れずに、４年後のベルリンオリンピックではがんばってくれよ」

そう言いのこして立ち去ったのは、東京市（現在の東京都）の永田秀次郎《ながたひでじろう》市長だった。

前畑《まえはた》は一気に天国から地獄《じごく》までつき落とされた思いになった。

暗い気分のまま名古屋の椙山《すぎやま》女学校にもどった。

しかし、そこに来ていた手紙の山を読むと、ほとんどが永田《ながた》市長と同じ意見だったのである。

「たった10分の1秒の差で負けてくやしい」

「次のベルリンではがんばって」

高等女学校を卒業したら結婚《けっこん》するものと考えていた前畑《まえはた》はなやんだ。

椙山《すぎやま》女学院の校長にも言われた。

「前畑《まえはた》さん、あと4年間がんばるんだ。

つらくて苦しいことかもしれないが、あんたなら必ずできるよ」

夢の中に母が出てきた。

決め手となったのは、その母の言葉だった。

「秀子《ひでこ》や、いったんやりはじめたことは、どんなに苦しいことがあっても、最後までやりとげなさい」

前畑《まえはた》はベルリンを目指すことにした。

冷たいプールの中で泣く

壮絶《そうぜつ》な練習の日々がはじまった。

次はオリンピックにでるだけではいけない、メダルをとるだけでもない、表彰《ひょうしょう》台の一番高い場所にのぼらなくてはならないからだ。

早朝に６０００メートル、学校で授業をうけたあとに６０００〜７０００メートル。

一度寄宿舎に帰り、午後９時から真っ暗なプールにもどってスタートの練習をした。

１日に泳ぐ距離《きょり》は２万メートルにおよんだ。

10分の１秒の差をうめるために、スタート時の体のフォームや飛びこみ、ターンの方法も研究した。

コーチがいるわけではなかった。

自分なりのやり方でひたすら泳ぐ。

今では考えられない練習だった。

この時代、温水プールなどはない。

冬の水の冷たさは前畑《まえはた》のはだをするどく刺《さ》す。

あまりの苦しさにプールの中で泣きながらも、

「この苦しさに勝たなくてはいけない。ベルリンオリンピックでみじめな負け方をしたら、日本じゅうの笑いものになってしまう」

そうひたすら念じて、前畑《まえはた》は毎日を戦った。

ベルリン大会の前年となる１９３５年、ついに秀子《ひでこ》は２００メートルで３分３秒６という世界新記録を出した。

さらに、４００メートル、５００メートルでも世界新記録を達成した。

血のにじむような努力がみのったのだ。

その翌日の新聞は大さわぎだった。

見出しには大きく「前畑《まえはた》は必ず日本女性初の金メダルをとってくれるだろう」とある。

そしてそれからは、会う人、会う人に「金メダルをたのみますよ」「こんどはもうだいじょうぶでしょう」などと言われるようになった。

帰りの船から飛びこもうか
いや、私は泳げるんだった

ベルリンオリンピックへ向かう直前、前畑《まえはた》は金メダルをとれなかったときのことを考えていた。

世界が戦争に向かって動きだしている１９３６年、国威発揚《こくいはつよう》の機運が高まるなか、日本を代表する選手たちへの期待は４年前のロサンゼルス大会のときより、はるかに高まっていた。

それだけ前畑《まえはた》に対するプレッシャーは強い。

銀メダルではだめだ、金メダルでなくては許されない。

そう思うと、金メダルをとれない場合は死ぬしかないと思うようになっていた。

「もし優勝できなかったら死のう、と考えたほどです。帰りの船から飛びこもうか、いや、私は泳げるから、海では死ねないのではないか、などと本気で考えたのです」

のちに前畑《まえはた》はこのように書いた。

ベルリンでのレースの直前、前畑《まえはた》はとつじょとして紙のお守りを手にして洗面所へ向かった。

そして、水といっしょにお守りを飲みこんだのだ。

追いこまれて苦しくなった気持ちを落ち着かせるためには、神様にたのむしか方法がなかった。

ベルリン大会で前畑《まえはた》の一番のライバルといわれていたのは、ドイツのマルタ・ゲネンゲルだった。

３分３秒７という、前畑《まえはた》の世界記録と10分の１秒差の記録をもつゲネンゲルは、地元開催《かいさい》のオリンピックとあって調子を上げてくる可能性が高かった。

競技開始時刻になった。

「６コース、マエハタ」。たくさんの日の丸と、歓声《かんせい》。

「７コース、ゲネンゲル」。競技場すべてをおおうような大歓声《かんせい》と、国旗の波。

競技場では圧倒《あっとう》的多数の観客が、自国選手のゲネンゲルを応援《おうえん》していた。

前畑《まえはた》がんばれ！

スタートの号砲《ごうほう》が鳴った。

前畑《まえはた》はなにもかも忘れて泳いだ。

デッドヒートを演じたゲネンゲルの存在も、残り50メートルからはまったく感じなくなった。

無我夢中で泳ぎつづけ、ゴールした。

そのとき、前畑《まえはた》の金メダルが決まった。

タイムは3分3秒6。

2位のゲネンゲル選手とは10分の6秒の差であった。

この決勝がおこなわれたときの日本は夜中だったが、前畑《まえはた》の故郷はもちろん、全国のたくさんのひとびとが起きてラジオ放送に聞き入っていた。

そのとき、日本スポーツ界の歴史に残るラジオ実況《じっきょう》が生まれた。

それがNHKラジオ、河西三省《かさいさんせい》アナウンサーの「前畑《まえはた》がんばれ！」の連呼だった。

女子選手初のオリンピックの金メダル。

表彰台《ひょうしょう》の一番高いところで、前畑《まえはた》は日の丸に向かって深くおじぎをして、大つぶの涙《なみだ》を流した。この大会では前回のロサンゼルス大会同様、水泳では日本男子選手が6種目中5種目で金メダルをかくとくする大活躍《かつやく》をした。水泳ニッポンの快挙である。

最大の悲しみをささえた金メダル

帰国した前畑《まえはた》は翌年、医師の兵藤正彦《ひょうどうまさひこ》と結婚《けっこん》し、兵藤秀子《ひょうどうひでこ》となった。

夫をささえ、子どもを育て、おだやかで幸せな日々をおくった。

ところが45歳《さい》のときにとつぜん、最愛の夫を失ってしまう。

はげしい悲しみにおそわれる日々。

毎日悲しくてなにも手につかなくなり、自分も死んでしまいたいと思ったとき、あの金メダルを思い出した。

「あの栄光をつかむために、秀子《ひでこ》、おまえはどんな苦しい練習にも耐《た》えてきたじゃないか」

自分で自分にそう言い聞かせ、秀子《ひでこ》はふたたび立ち上がった。

金メダル以上に価値があるもの

水泳の普及《ふきゅう》に取り組み、日本初のママさん水泳教室を開いた。

60歳《さい》をすぎても情熱的に指導をつづけた。

次に彼女《かのじょ》をおそったのは、脳出血だった。

生死の境をさまよい、そしてもどってきた。

体の半分にマヒが残ったが、必死のリハビリで復帰。

プールでの指導を再開したのだ。

秀子《ひでこ》はこう語る。

「絶望の淵《ふち》からはい上がった経験こそ、金メダル以上の価値があった」


【参考文献】

『前畑ガンバレ（文学の扉２）』兵藤秀子（金の星社）１９８１
『勇気、涙、そして愛　前畑は二度がんばりました』兵藤秀子（ごま書房）１９９０

第10章

2つの8月2日

陸上競技

人見絹枝

1928年アムステルダム大会　陸上競技女子800m／銀

オリンピックの陸上競技は、１８９６年第１回アテネ大会から欠かさずおこなわれている。

だが、それは男子の競技のことだ。

オリンピックの陸上競技に女子の参加がみとめられたのはおそかった。

１９２８年アムステルダム大会、はじめて陸上競技で女子の種目がおこなわれたこの大会に、日本からただ１人の女子選手として参加したのが、人見絹枝《ひとみきぬえ》だった。

そして彼女《かのじょ》はみごとに銀メダルをかくとくした。

これは日本女子選手初のオリンピックのメダルである。

女子参加のためのたたかい

オリンピックにはじめて女性が参加したのは、第２回パリ大会だった。

この大会で女子が参加できた種目はテニスとゴルフ。

このパリ大会は、万国博覧会の一部としていくつもの競技がおこなわれ、それをオリンピックとした。

実施《じっし》された女子の競技は、ショー（見せ物）としての性格が強かったのだ。

第３回セントルイス大会では、テニスとゴルフにかわってアーチェリーに女子選手が参加。

第４回ロンドン大会では、テニス、アーチェリー、フィギュアスケートに女性が参加した。

これらは男性から見て「女性らしい」とされるスポーツであり、ひたすら体力で順位を競う陸上競技への女性の参加はしばらく認められていなかった。

女性のオリンピック陸上競技への参加に、積極的に取り組んだのは、フランスのアリス・ミリアだった。

国際オリンピック委員会（ＩＯＣ）に対してオリンピックの陸上競技への女性の参加を要望し、断られた彼女《かのじょ》は、１９２１年に国際女子スポーツ連盟（ＦＳＦＩ）を結成し、翌年にはパリで第１回国際女子オリンピック大会という名称《めいしょう》で陸上競技大会を実施《じっし》した。

参加したのはヨーロッパの５か国。大会名に「オリンピック」とつけたのは、オリンピックの陸上競技に女性の参加を認めないＩＯＣへのあてつけだった。

その第２回大会は４年後の１９２６年におこなわれた。

だが、名称《めいしょう》は国際女子オリンピック大会ではなく、国際女子競技大会となった。

ミリアがＩＯＣや国際陸上競技連盟（ＩＡＡＦ）に強く要望した結果、１９２８年のアムステルダム大会から陸上競技に女子種目が採用されることになった。

そのためＦＳＦＩ側が「オリンピック」の名を外したのである。

第２回国際女子競技大会に日本からただ１人出場した選手が、人見絹枝《ひとみきぬえ》だった。

いきなり日本記録をこえる

１９０７年に岡山県で生まれた人見絹枝《ひとみきぬえ》は、田んぼでカエルをつかまえたり、川でナマズやフナをとったりした。

木登りも得意で、よく男の子といっしょに遊んでいた

岡山高等女学校に進んだ絹枝《きぬえ》は、テニスというスポーツを知った。

親にねだってテニスラケットを買ってもらった絹枝《きぬえ》は、毎日、放課後に練習をした。

上級生の動きを見ながら、自分のフットワークをみがく。

ある日、教師によばれた。

「きみをテニスの正選手にしようと思うが、どうだろうか」

「えっ？　ほんとうですか」

絹枝《きぬえ》はうれしくなり、ますます練習に気合いが入る。

その勢いで関西女子庭球大会に出場すると、ダブルスで優勝。

いつしか「テニスの絹枝《きぬえ》さん」とよばれるようになっていた。

すると教師からまたよび出しがあった。

「こんどは陸上競技の大会に出てみないか」

「はい。母校のためなら喜んで」

大会では走り幅《はば》とびに出場した。

そのとき絹枝《きぬえ》は４メートル67をとんだ。

非公認ではあったが、日本記録をこえてしまったのだ。

「やった！　先生、やりましたよ！」

記録よりも、母校のためにつくせたことがうれしかった。

一方、教師はその記録におどろいていた。

「なんということだ。日本新記録じゃないか……」

17歳《さい》になった絹枝《きぬえ》は、岡山高等女学校の校長のすすめで、二階堂《にかいどう》体操塾《じゅく》（現在の日本女子体育大学）に入学することになった。

だが、絹枝《きぬえ》も父もあまりうれしくなかった。

「体操塾《じゅく》を卒業して学校の教師になるのはいいが、体操の先生じゃなぁ」

しかし、絹枝《きぬえ》は二階堂《にかいどう》体操塾《じゅく》の塾長《じゅくちょう》、二階堂《にかいどう》トクヨの話を聞いて、考えが変わった。

「私は高等女子師範《しはん》学校を卒業して地方の高等女学校に赴任《ふにん》しました。

でも、そこで体操を教えてほしいといわれ、がっかりしたのです。

ところが体操で体を動かしているうちに、気持ちが明るくなってきました。

体操にはそういう効果があることがわかりました。

それ以来、私はほこりをもつようになったのです」

運動部長によび出される

「先生、わかりました。私の考えはまちがっていました」

二階堂《にかいどう》体操塾《じゅく》に通いながら、絹枝《きぬえ》は岡山県の陸上競技大会に出場した。

出場した三段とびの記録は、10メートル33。

そのころの世界記録10メートル32を1センチ上回ったのだ。

この絹枝《きぬえ》の活躍《かつやく》は、新聞に大きく取り上げられた。

二階堂《にかいどう》体操塾《じゅく》を卒業した絹枝《きぬえ》は大阪毎日新聞社に入社。

するとすぐ運動部長によばれた。

「1926年にスウェーデンのイエテボリで第2回国際女子競技大会がおこなわれる。その大会にでてくれないか」

「えっ？　でるというのは、参加して競技をするということでしょうか」

「そのとおりだ」

「私などがそのようなことをさせていただくなんて……」

「こんなチャンスは二度とない。準備しておいてくれ。競技に参加して、そのことを記事にしてほしいんだ」

絹枝《きぬえ》はうれしかった。夢のようだった。

7月、絹枝《きぬえ》はスウェーデンへ向かった。

大阪から下関《しものせき》まで列車で行き、そこから船で韓国《かんこく》の釜山《プサン》へ。
あとは、長い鉄道の旅である。
最初は、はてしなくつづく大陸の地平線がめずらしかったが、すぐにあきた。
風呂《ふろ》に入れず、運動不足になり、つらかった。
スウェーデンのイエテボリに着いたのは8月だった。

日本からたった１人でやってきた選手

大会がはじまる。
初日は１００ヤード（91・44メートル）走3位、次の円盤《えんばん》投げは2位。
だが、その２種目でつかれてしまい、２５０メートル走は最下位に終わった。
２日目。
走り幅《はば》とびはイギリスのムリエル・ガンとの一騎《いっき》打ちになる。
たがいに記録を更新《こうしん》し、最後に絹枝《きぬえ》がとんだ5メートル50が優勝記録になった。
日の丸がかかげられると、見ていた絹枝《きぬえ》は大つぶの涙《なみだ》を流した。

3日目は最終日である。

60メートル走はうまくいかず6位。

最終種目は立ち幅《はば》とびだった。

2メートル49をとんだ絹枝《きぬえ》が1位になった。

イエテボリの観客は、絹枝《きぬえ》の姿に感動していた。

日本という遠い国からたった1人でやってきた選手が、たおれそうになりながら、がんばっていたからだ。

どうどうたる総合優勝

その絹枝《きぬえ》のところに、大会役員たちが純白の百合の花束を持って近づいてきた。

「あなたは3日間、よくがんばってくれました。私たちは、遠い日本から来てくれたあなたのために、お手伝いをさせていただきました。あなたの活躍《かつやく》を私たちはとてもうれしく思います。日本の国旗も私たちの手で2回、かかげることができました。この花束は私たちの気持ちです」

絹枝《きぬえ》は涙《なみだ》がとまらなかった。

競技場のフィールドで表彰式《ひょうしょう》がおこなわれた。

総合優勝は、走り幅《はば》とび1位、立ち幅《はば》とび1位、円盤《えんばん》投げ2位、100ヤード走3位の絹枝《きぬえ》だった。

主催《しゅさい》者であるFSFIのミリアは言う。

「日本のヒトミさんの活躍《かつやく》は、この大会をとてもかがやかせてくれました。ヒトミさんはおおくの人に勇気と感動をあたえてくれました。これからも、がんばってください」

ミリアの目からひとすじの涙《なみだ》がこぼれた。

オリンピックで目の前が真っ暗に

1928年7月18日。

絹枝《きぬえ》たちオリンピック日本選手団一行は、オランダのアムステルダムに着いた。

29日からオリンピックがはじまる。

絹枝《きぬえ》は日本選手団ただ1人の女子選手として、また、女性として日本初のオリンピック選手としてこの大会に参加する。

この大会で絹枝《きぬえ》は100メートルにかけていた。

同じ年におこなわれた全日本陸上競技選手権大会で、非公認ながら12秒2という世界トップクラスの記録をだしていたからである。

アムステルダムで日の丸をかかげることを夢見ていた人見《ひとみ》。

100メートルの予選をトップで通過した。

しかし、準決勝は4位。

目の前が真っ暗になった。

決勝に進めない順位だ。

メダルどころではない。

人見《ひとみ》さん、冗談《じょうだん》を言ってはいけないよ

ホテルに帰って陸上チームに報告しても信じてもらえない。

「人見《ひとみ》さん、あなたが決勝に進出できないわけはない。冗談《じょうだん》を言ってはいけないよ」

部屋にもどってベッドにもぐりこみ、大声で泣いた。

いくら泣いても結果が変わるわけではない。

だが、あのイエテボリから2年、寒い冬の日も暑い夏の日も走りつづけた。

すべてこの日のためだった。

あのつらい練習は、なんだったのだろう。

絹枝《きぬえ》は地獄《じごく》につき落とされた気分だった。夕食もとらず部屋にこもって泣いていた。

「どうしよう、日本に帰れない。『負けました』なんて言えない。このオリンピックに走り幅《はば》とびがあったなら、雪辱《せつじょく》できたかもしれないのに……」

しばらく頭をかかえていた。

８００メートルを走って

死んでしまってもいい

「そういえばまだ８００メートルがのこっている……」

絹枝《きぬえ》は８００メートルにエントリーしていたことを思い出した。

「１００メートルの予選で精神力も肉体の力も使いはたしてしまった。

８００メートルを走ってもだめにきまっている。

でも、このままで日本に帰るのはいやだ。

８００メートルを走ってたおれてしまってもいい。

死んでしまってもいい」

もう勝ち負けの問題ではなかった。

なにかやらなくてはいけない。

じっとしていられなかった。

その夜、絹枝《きぬえ》は監督《かんとく》に言った。

「８００メートルに出場させてください」

絹枝《きぬえ》の悲痛な表情を見て監督《かんとく》は言った。

「よし、わかった」

８００メートルを走るのは、はじめてだった。

練習すらしたことがない。

監督《かんとく》は１００メートルと８００メートルのちがい、８００メートルの走り方、作戦などを絹枝《きぬえ》に教えた。

他の選手もアドバイスをする。
まだ８００メートルを走ってもいないのに、頭の中は走った気分になっていた。
翌日、絹枝《きぬえ》は８００メートルの予選を通過した。
次の日が決勝だ。
ベッドに入っても不安で体がふるえてくる。
どうやってもねむることができず、泣きながら神様に祈《いの》った。
「神様、どうかもう一度だけ、私の願いをかなえてください。
明日の８００メートルでよい走りができますように。
明日、よい走りができましたら、あとはどうなってもかまいません……！
お願いです、神様」
ほとんどねむらないうちに、朝の光がさしてきた。

ゴールでたおれたら、私がひきうけてやる

１９２８年８月２日。

人見絹枝

女子８００メートル決勝がはじまる。

三段とびでは織田《おだ》がトップに立っていた。

この知らせは絹枝《きぬえ》を大きく勇気づけた。

８００メートルの作戦は、トップを走る選手にぴったりと着き、ラスト１００メートルでぬくというものだった。

ところが第２コーナーをぬけてオープンコースになったところで、絹枝《きぬえ》の順位は６番目。

そのままトラック１周がすぎた。残りはあと１周。

第２コーナーの先の直線で絹枝《きぬえ》は勝負にでる。

一気に３人をぬいた。

その勢いのまま、２番手の選手と３番手の選手のあいだに割りこむ。

前を走っている２人はドイツのラトケとスウェーデンのゲンツェルだ。

ラトケは15メートルも先にいる。

第３コーナーで、４メートルほど先にいるゲンツェルをぬこうとするが、足がおいついていかない。

そのとき、監督《かんとく》の言葉を思い出した。

「足がつかれて動かなくなったら、腕《うで》をふれ。あとは走って走って走りぬけ。ゴールでたおれたら、私がひきうけてやる」

絹枝《きぬえ》は必死に腕《うで》をふった。

第4コーナーをぬけるとゲンツェルは目の前にいた。

つかれているようすだった。

「ゲンツェルをぬいた」と思った瞬間《しゅんかん》、目の前が真っ暗になった。

日本女子選手初のメダル

しばらくして意識はもどったが、目が見えない。

気がついたら、織田《おだ》幹雄《みきお》と南部《なんぶ》忠平《ちゅうへい》が肩《かた》をかしてくれていた。

絹枝《きぬえ》はぶらさがるようにして三段とびのフィールドにはこばれた。

少し休むと、女子800メートルの表彰《ひょうしょう》時間になった。

見ると中央にドイツの国旗、そして左に日本、右にスウェーデンの国旗が掲揚《けいよう》されていく。

人見絹枝

「私は2位だった！」

絹枝《きぬえ》はうれしさのあまり、涙《なみだ》がとまらなくなった。

これで責任がはたせた。

さらに絹枝《きぬえ》を喜ばせたのは、三段とびで織田《おだ》が優勝したことだった。

オリンピックで日本選手が優勝するのは史上初だ。

中央のポールに日の丸が掲揚《けいよう》され、君が代が演奏された。

君が代は、時間の関係か楽譜《がくふ》の一部がなくなってしまったのか、「さざれ石の」からはじまった。

それでも、絹枝《きぬえ》は織田《おだ》、南部《なんぶ》とともに肩《かた》を組んで涙《なみだ》を流した。

なんとか君が代をうたおうとしたが、声がふるえてうたうことができなかった。

観客席から、

「織田《おだ》！」「人見《ひとみ》！」「よくやった！」

と声がかかる。

みんな笑顔だった。

絹枝《きぬえ》は日本女子選手としてはじめてオリンピックに出場し、女性初のメダリストになった。

１９３０年９月。

絹枝《きぬえ》は５人の若い女子選手とともに、チェコのプラハでおこなわれる第３回国際女子競技大会に出場した。

絹枝《きぬえ》が23歳《さい》で、彼女《かのじょ》以外はみな20歳《さい》未満だ。

大会は３日かけておこなわれた。

絹枝《きぬえ》は走り幅《はば》とびで優勝するなど、がんばったが、最終日には体調をくずしてふらふらになっていた。

せきが出て熱もある。

だが、絹枝《きぬえ》の活躍《かつやく》はここでも地元のひとびとに感動をあたえた。

多忙な日々のはじまり

絹枝《きぬえ》たちが列車に乗ってプラハを去るとき、チェコスロバキアスポーツ連盟の人たちが駅まで見送りにきてくれた。

涙《なみだ》をうかべながら手をふる。

「ナスダール（さようなら）！」

「ありがとう！　さようなら！」

絹枝《きぬえ》のほほを涙《なみだ》がつたう。

列車の窓からプラハの街のあかりが見えなくなるまで、絹枝《きぬえ》はじっと見つめていた。

体調がもどっていないにもかかわらず、帰国した絹枝《きぬえ》を講演会や報告会がまちかまえていた。

聴衆《ちょうしゅう》は、はじめて聞くヨーロッパのこと、女性として参加したことの苦労、世界の人見《ひとみ》絹枝《きぬえ》としての活躍《かつやく》を興味深く聞いた。貴重な話ばかりだった。

絹枝《きぬえ》をささえた藤村蝶《ふじむらちょう》

１９３１年の正月、絹枝《きぬえ》は実家で24歳《さい》の誕生日をむかえたのち、大阪にもどって会社の仕事や講演をこなした。

下宿では本を書いた。

その絹枝《きぬえ》をささえたのは藤村蝶《ふじむらちょう》だった。

蝶《ちょう》は二《に》階堂《かいどう》体操塾《じゅく》の後輩《こうはい》で、絹枝《きぬえ》を慕《した》って大阪にきていた。

いそがしい絹枝《きぬえ》は蝶《ちょう》に生活の面倒《めんどう》をみてもらっていた。

絹枝《きぬえ》の体調はますます悪くなっていた。

蝶《ちょう》は、絹枝《きぬえ》の仕事だけでなく、病気の世話もするようになった。

蝶《ちょう》は、いい薬があると聞くと買いにいき、絹枝《きぬえ》にのませる。

ひたむきに絹枝《きぬえ》の世話をして回復をいのった。

軽井直子という名前

3月、絹枝《きぬえ》はいよいよ起き上がれなくなった。

苦しそうにせきをした直後、大きくせきこんだ。

そのとたんに大量の真っ赤な血が、みるみるうちに白いシーツをそめていく。

「絹枝《きぬえ》さん！　しっかりして！」

蝶《ちょう》はあわてて医者をよんだ。

第10章　2つの8月2日

人見絹枝

大阪帝国《ていこく》大学医学部付属病院に入院。

血をはくことはなくなり、顔色もよくなってきた。

だが熱は39度以上と高い。

病室は面会謝絶とされ、入口には人《ひと》見《み》絹枝《きぬえ》ではなく、軽井直子という名前が書かれた。

「病気は軽い、すぐ治る」という気持ちをこめてつけられた名前だった。

5月になるといったん熱がさがり回復するかのようにみえたが、6月には逆もどりしてしまった。

蝶《ちょう》が全力で看病する。

病名は「結核《けっかく》」だった。

絹枝《きぬえ》の状態は実家に知らされていなかった。

蝶《ちょう》が聞く。

「お母さんに会いたくないの？」

絹枝《きぬえ》は首を横にふる。

ぜったいによくなると絹枝《きぬえ》は考えていた。

だから親に心配をかけたくない。
それでも少しずつ弱っていく。
両親をよぶときは、自分の命が終わるときだと絹枝《きぬえ》は知っていた。
だからよびたくない。
そのことを蝶《ちょう》はうすうす感づいていた。
「両親に会いたくないわけなどないわ」
そう思った蝶《ちょう》は、涙《なみだ》をこらえられなくなった。
何度も病室から出て涙《なみだ》をぬぐった。

生きたい、治りたい

7月になった。
絹枝《きぬえ》の体からは、あれほどの記録をうちたてた筋肉がすっかりなくなっていた。
骨と皮だけになり、目はくぼんで、ほほの肉がすっかり落ちている。
痛々しい姿だった。

第10章　2つの8月2日

人見絹枝

いっしょにオリンピックを戦った織田幹雄《おだみきお》が面会におとずれた。

「世界の人見《ひとみ》」とは思えない姿。

織田《おだ》はおどろき、声も出なかった。

やせおとろえても、絹枝《きぬえ》はけんめいに病気とたたかっていた。

「生きたい、治りたい！」

7月下旬《げじゅん》、あれほどがんばっていた絹枝《きぬえ》が弱気になった。

「家に帰りたい。もう病院はいや！」


8月1日、主治医が藤村蝶《ふじむらちょう》をよんだ。

「人見《ひとみ》さんにお会いになりたい方がいらっしゃったら、お知らせになったほうがよろしいと思います」

蝶《ちょう》はおどろいて医者につめよる。

「先生、こんなになってもたすかることはありますよね！

先生！

たすからないなんて言わないでください！」

主治医はうなずくしかなかった。

２４歳《さい》の短い人生

当時、結核《けっかく》は治らないものとされていた。

すぐにうつる病気だとも言われていた。

それでも蝶《ちょう》は絹枝《きぬえ》を必死で看病した。

けっして枕元《まくらもと》をはなれず、手や足をさすっていた。

夜になってもベッドからはなれず、いすにすわったまま朝をむかえていた。

看護師たちが、

「あなたの体がもちませんよ」

「病気がうつるかもしれないから」

などと言っても、蝶《ちょう》は聞く耳をもたなかった。

「絹枝《きぬえ》さんを死なせるものか！　私がまもってみせる！」

蝶《ちょう》の命がけの看病もむなしく、アムステルダムで銀メダルをかくとくした日から
ちょうど３年目にあたる１９３１年８月２日。

絹枝《きぬえ》は24歳《さい》の短い人生の幕を閉じたのだった。

【参考文献】

『スパイクの跡』人見絹枝著（平凡社）1929
『ゴールに入る』人見絹枝（一成社）1931
『人見絹枝物語 女子陸上の暁の星』小原敏彦（朝日新聞社）1990
『人見絹枝「炎のスプリンター」』人見絹枝（日本図書センター）1997
『KINUEは走る 忘れられた孤独のメダリスト』小原敏彦（健康ジャーナル社）2007
『不滅のランナー人見絹枝』田中良子（右文書院）2018
『生誕100年 記念誌 人見絹枝』（日本女子体育大学）2008

[編著]

大野益弘（おおの・ますひろ）

ノンフィクションライター・編集者。株式会社ジャニス代表。日本オリンピック・アカデミー理事。日本スポーツ芸術協会理事。福武書店（現ベネッセ）などを経て編集プロダクションを設立。筑波大学大学院終了。著書に『オリンピック ヒーローたちの物語』（ポプラ社）など多数。

[執筆]

美甘玲美（みかも・れみ）

筑波大学大学院人間総合科学研究科スポーツ健康システム・マネジメント専攻修了。日本オリンピック・アカデミー会員。スポーツ・旅行系出版社、シンガポール邦字紙等を経て、フリーライターとして執筆活動中。

[執筆]

宮嶋幸子（みやじま・さちこ）

横浜市立大学卒業。三起商行（ミキハウス）に入社し、月刊誌や絵本の出版に携わる。その後、編集プロダクションで取材・執筆のノウハウを学び、2001年よりフリーライターとして活動。企業広報誌等に執筆多数。

ブックデザイン　小口翔平＋喜来詩織（tobufune）

10分で読める
オリンピック・パラリンピック物語3

譲れぬ激闘

2020年3月15日　第1版 発行

編　著	大野益弘
執　筆	美甘玲美　宮嶋幸子
写　真	フォート・キシモト
発行者	岡本光晴
発行所	株式会社あかね書房
	〒101-0065　東京都千代田区西神田3-2-1
電　話	営業（03）3263-0641　編集（03）3263-0644
印刷所	中央精版印刷株式会社
製本所	株式会社難波製本

NDC916　199ページ　22×16cm

ISBN 978-4-251-09606-7

10分で読める
オリンピック・パラリンピック物語

世界の頂点

羽生結弦[フィギュアスケート]/長野冬季大会 スキージャンプ団体[スキージャンプ]/高橋尚子[マラソン]/北島康介[競泳]/ビキラ・アベベ[マラソン]/アントン・ヘーシンク[柔道]/カール・ルイス[陸上競技]/ウサイン・ボルト[陸上競技]/国枝慎吾[車いすテニス]/伊調馨[レスリング]

永遠の友情

内村航平[体操]/京谷和幸[車いすバスケットボール]/チーム朝原[陸上競技]/リオ大会 卓球日本女子チーム[卓球]/上野由岐子[ソフトボール]/東洋の魔女 [バレーボール]/なでしこジャパン[サッカー]/平昌大会 カーリング女子[カーリング]/平昌大会 パシュート日本女子[スピードスケート]/アテネ大会 体操男子日本チーム[体操]

譲れぬ激闘

吉田沙保里[レスリング]/谷(田村)亮子[柔道]/葛西紀明[スキージャンプ]/水谷隼[卓球]/平野歩夢[スノーボード]/成田真由美[パラ水泳]/橋本聖子[スピードスケート・自転車]/羽根田卓也[カヌー]/前畑秀子[競泳]/人見絹枝[陸上競技]

信頼と情熱

リオ大会 男子リレーチーム[陸上競技]/デューク・カハナモク[競泳]/小平奈緒とイ・サンファ[スピードスケート]/高橋礼華と松友美佐紀[バドミントン]/上村愛子[スキー]/西方仁也と24人のテストジャンパー[スキージャンプ]/土田和歌子[車いすマラソン]/ミュンヘン大会 男子バレーボール[バレーボール]/西田修平と大江季雄[陸上競技]/西竹一[馬術]

絶望と復活

瀬戸大也と萩野公介[競泳]/浅田真央[フィギュアスケート]/ジム・ソープ[陸上競技]/古橋廣之進[競泳]/円谷幸吉[マラソン]/佐藤真海[パラ陸上]/山下泰裕[柔道]/ベラ・チャスラフスカ[体操]/ジェシー・オーエンス[陸上競技]/金栗四三[マラソン]